Clef des 150 Psaumes
et des 72 Génies de la Cabale

Du même auteur chez Unicursal

LES VRAIES CLAVICULES DU ROI SALOMON

GRIMOIRE DU PAPE HONORIUS

RECUEIL DE SECRETS MAGIQUES : *Tirés de Pierre d'Abano, de Corneille Agrippa et d'autres Célèbres Philosophes*

GRIMOIRE OU LA CABALE PAR ARMADEL

TRAITÉ DE LA CABALE MIXTE : *Qui comprend l'Art Angélique extrait des Docteurs Hébreux*

LA MAGIE SACRÉE D'ABRAMELIN

DRACONIA : *Les Enseignements Draconiques de la Véritable Magie des Dragons*

DRACONIA TOME 2 : *Le Code Draconique au Quotidien*

LA SCIENCE DES MAGES : *Traité Initiatique de Haute Magie*

MAGIE BLANCHE : *Formulaire Complet de Haute Sorcellerie*

SÉRIE LEMEGETON

GOETIA — *Petite Clé du Roi Salomon* (LIVRE I)

ARS THEURGIA GOETIA (LIVRE II)

ARS PAULINA (LIVRE III)

ARS ALMADEL SALOMONIS (LIVRE IV)

ARS NOTORIA (LIVRE V)

LEMEGETON (LIVRES I-V)

Copyright © 2023 Marc-André Ricard
maricard.com

Éditions Unicursal Publishers
unicursal.ca

ISBN 978-2-89806-511-8 (PB)
ISBN 978-2-89806-512-5 (HC)

Première Édition, Ostara 2023

Tous droits réservés pour tous les pays.

Aucune partie de ce livre ne peut être reproduite ou transmise sous aucune forme ou par quelque moyen électronique ou mécanique que ce soit, par photocopie, par enregistrement ou par quelque forme d'entreposage d'information ou système de recouvrement, sans la permission écrite de l'éditeur ou de l'auteur.

Clef des 150 Psaumes et des 72 Génies de la Cabale

Étant une transcription fidèle en tout point d'un texte de Magie Angélique du 18ᵉ siècle du Manuscrit Français 14788.

TRANSCRIPTION, ÉDITION & SCEAUX

PAR

M-A RICARD

INTRODUCTION.

Ce livre n'est pas un recueil de prières. C'est un grimoire faisant appel aux Esprits bénéfiques par le moyen de leurs Noms, de leurs Caractères magiques et des Psaumes.

Divisé en deux parties, la première intitulée : *La Clef des Clavicules de Salomon des 150 Psaumes de David* est un petit traité du 18ᵉ siècle. Écrit en langue française en 1787, il est l'un des trois textes que l'on retrouve dans le *Ms. Français 14788*.

On dénombre de nos jours une pléthore d'ouvrages traitant de psaumes et de prières afin de signaler au Grand Ciel notre désarroi et nos angoisses, nos besoins pressants et carences dans tous les domaines de la vie quotidienne. Malgré toutes ces méthodes, des plus simples aux plus farfelues, une chose demeure. Une condition *sine qua non*, un ingrédient essentiel se doit d'être possédé par celui qui désire obtenir des résultats : *la foi*.

Pour utiliser ce livre, cette Clef des Psaumes, la foi essentielle à la réussite —votre foi— n'a pas besoin d'être chrétienne ou juive ni biblique. Nul besoin d'aller se confesser ni d'assister à la messe du dimanche ou célébrer le shabbat. Vous n'avez pas non plus besoin d'outils magiques spéciaux, une bougie blanche tout au plus, si le cœur vous en dit, et vous serez fin prêts à entreprendre cet Art mystérieux.

Vous devez seulement avoir la foi, c'est-à-dire posséder une confiance inébranlable que vos opérations réussiront et que par le concours des Intelligences et Caractères magiques contenus en ce livre, vous parviendrez à appeler et conjurer ces Anges, et poser sur vous le manteau protecteur et salvateur d'un Génie, d'une force invisible, puissante, et insoupçonnée.

Le mode d'emploi est fort simple. Il vous sera demandé de tracer les Sceaux des Intelligences qui président aux opérations miraculeuses pour les domaines particuliers où vous aurez besoin d'une assistance Céleste, puis de réciter les psaumes correspondants aux jours déterminés, avec l'assurance que vos prières seront entendues... et exaucées. Voilà toute la démarche.

Le champ d'action de ces Esprits est très large et couvre de nombreuses opérations magiques. Avec leur aide, il sera possible d'obtenir la protection contre les ennemis et les voleurs de grand chemin, d'obtenir les faveurs des juges et personnes haut placées, de délivrer ceux qui ont été injustement condamnés ou emprisonnés, d'obtenir l'amour d'une tierce personne, délivrer une ville assiégée ou mettre un terme à une guerre, de se garantir des dangers sur terre et sur mer, contre les tempêtes et tremblements de terre, de guérir diverses maladies, d'obtenir des réponses en songe... et j'en passe.

Certes, ce texte ayant plus de deux cents ans reflète les mœurs d'une époque bien différente de la nôtre; notamment lorsqu'il est mentionné comment obtenir la faveur d'un Roi ou d'un Prince. Pour l'utilisateur moderne, un Prince peut également tenir lieu de chef d'état, de président de compagnie, gestionnaire ou toute personne en pouvoir. Même chose lorsqu'il est mention de la rémission des péchés. On peut interpréter cela comme une demande d'aide spirituelle lors de dépressions, lorsque tout va de travers, afin de percevoir la lumière au bout du tunnel, etc. Il suffira au lecteur de réfléchir quelque peu pour découvrir des applications plus contemporaines.

Un dernier mot sur ce texte. Vous remarquerez que les psaumes n'ont pas été reproduits dans ce livre. Je sais, c'est tout comme si j'écrivais un livre de cuisine sans aucune recette. Puisqu'ils étaient absents du Manuscrit, et étant donné que vous avez probablement une vieille bible rangée quelque part à la maison, vous n'aurez absolument aucune difficulté à obtenir une copie des psaumes. C'est pourquoi je m'en suis tenu à l'essentiel de la méthode des opérations, telle qu'elle fut jadis écrite dans le Manuscrit, il y a plus de deux siècles.

La deuxième partie du livre : *Les 72 Noms de Dieu avec des versets des Psaumes qui y répondent*, constitue un guide permettant de travailler avec les mêmes psaumes, mais en utilisant une approche différente. Ce court texte catalogue les soixante-douze noms de Dieu ou Anges cabalistiques avec les versets qui leur sont propres. Malgré qu'il n'y ait dans le texte aucune démarche spécifique, le lecteur le moindrement astucieux saura rapidement trouver un moyen de mettre à profit les informations qui y sont contenues.

J'aborde brièvement le sujet du *Schemham-*

phorash (ou *Schéma Hamphorash*, comme le disait Eliphas Lévi) dans mon récent travail sur les Clavicules du Roi Salomon. Comme je l'expliquais alors, l'application et la mise en œuvre du Tétragramme יהוה à travers le Schemhamphorash, soit le Nom de Dieu expliqué, sont représentées par soixante-douze noms, lesquels correspondent individuellement à ce que les occultistes et cabalistes nomment *Génies Cabalistiques*. Les non-initiés, eux, leur donnent le nom d'*Anges Gardiens*.

L'idée générale est que Dieu étant la cause première de toute chose, son nom composé de quatre lettres : *Iod, Hé, Vau, Hé*, contient tout ce qui existe ; l'immensité de Dieu contenue dans son nom ineffable. Les sages cabalistes ont su calculer par gématrie, selon la valeur des lettres et des nombres, que la somme de soixante-douze correspondait, entre autres, à autant d'attributs divins ; chacun étant exprimé et corporellement, pour ainsi dire, manifesté par un Génie. Plusieurs individualités qui ne font qu'une seule conscience. Dieu.

Autrement dit, s'adresser à un Ange ou à un Génie cabalistique n'est rien d'autre que s'adresser directement à Dieu, mais en passant par le biais de l'une de ses multiples facettes personnifiées par une Intelligence Céleste.

Vaste science qu'est la Cabale, je ne voudrais me détourner de mon brut premier et ennuyer le lecteur par un exposé complexe qui, par moment, pourrait avoir la teneur d'un cours de mathématique ésotérique. Conséquemment, pour ne pas alourdir outre mesure cette introduction, je me bornerai simplement en mentionnant que par certains procédés, il a été possible de déterminer quels sont les passages des psaumes qui correspondent aux Anges ou Génies. Et qu'à partir de là, il est facile de consulter qui est le régent pour tel ou tel psaume.

Sachez que même sous cette forme simplifiée et vulgarisée, il n'est pas essentiel d'être au fait de ce que je viens de mentionner pour parvenir à l'obtention de résultats probants. Cependant, le lecteur désirant fouler de quelques pas, mêmes incertains, le sentier de la Cabale pourra assurément contempler toute l'étendue de cette science en consultant divers ouvrages, dont deux que je suggère: *La Cabbale* de Papus, ou encore *La Science Cabalistique* par Lenain.

▸ *Du Ms. Français 14788* ◂

Le Manuscrit utilisé pour la transcription de ce livre porte le nom de *Mélanges astrologiques*. Il est conservé à la Bibliothèque de l'Arsenal (BnF) à Paris. Le département des manuscrits le catalogue ainsi :

Fol . 1. « Œuvres de Picatrix , traduction françoise, du latin en françois et d'espagnol en latin, sur l'original arabe en 1256. (1756.) » — Copie du ms. du marquis de Paulmy, aujourd'hui à la Bibliothèque de l'Arsenal.

Fol . 73. « Clef des clavicules de Salomon, des 150 Psaumes de David, avec les caractères de tous les génies ou esprits qui président dans les opérations miraculeuses. (1787.) — F. B. »

Fol . 155. « Les 72 noms de Dieu, avec des versets des Pseaumes qui y répondent. »

XVIIIe siècle. Papier. 162 feuillets , 190 x 140 mm. Reliure veau marbré.

Cette cote manuscrite ne signifie probablement que peu de choses pour la majorité d'entre nous. Par contre, l'ouvrage principal de ce Manuscrit, *Œuvres de Picatrix*, est un nom très familier parmi les occultistes. Puisqu'il était coutume à l'époque de transcrite et regrouper plusieurs textes à même un seul cahier, on comprendra que les œuvres de Picatrix n'ont aucun lien, de près comme de loin, avec les Psaumes de David et c'est pourquoi j'ai mis ce texte de côté, me concentrant uniquement sur les folios 73 à 163 pour parfaire cette transcription.

▸ *Comment appeler les Génies* ◂

Puisque le Manuscrit ne comporte aucun rituel ou marche à suivre spécifique pour conjurer les Esprits et les Génies des psaumes, j'ai cru bon vous en proposer une facile à suivre; celle que j'utilise personnellement lorsque j'ai un désir de pratiquer dans la plus grande simplicité.

Mettant de côté toutes considérations à propos des heures planétaires, de la course des astres dans le ciel ou des phases lunaires, à moins que cela soit spécifié dans le Manuscrit; lorsque vous aurez trouvé le Génie approprié pour la situation à laquelle vous vous apprêtez à pratiquer cet appel, prenez place dans un endroit calme et serein, loin de toute agitation.

Allumez un encens de bonne qualité de même qu'une bougie blanche, puis fixez-la pendant un court moment.

Respirez profondément à quelques reprises et faites le vide mental. Centrez-vous. Il n'y a plus que la flamme qui brille et vous.

Pensez ensuite au nom du Génie à évoquer. Répétez son nom mentalement alors que vous écrivez son Nom et tracez son Caractère sur un morceau de papier blanc, de parchemin ou selon les directives du Manuscrit.

Fixez ensuite le Caractère. Prenez une profonde inspiration, posez la main droite sur le cœur et psalmodiez le psaume, le nombre de fois qu'il est indiqué dans le texte.

Lorsque vous aurez terminé, prenez une dernière inspiration. Remerciez le Génie, faites le *Triple Signe*, si vous savez comment ou une simple gestuelle de salutation, puis éteignez la bougie en pinçant la flamme entre l'index et le pouce.

Disposez du Caractère tel que prescrit ou rangez-le dans un endroit approprié, de même que votre matériel, jusqu'à la prochaine occasion.

✠

J'espère que ce petit rituel vous sera utile ou qu'il vous inspirera pour créer le vôtre. Si vous avez développé votre propre façon de faire, alors tant mieux. Je vous encourage à l'utiliser.

Puisse ce recueil vous être précieux et que vos appels aux Anges trouvent positivement réponse. Que les Génies vous viennent en aide ainsi qu'à vos proches, dans la lumière et la gloire de l'Un.

M-A Ricard ~555

Ostara^{+9}, 2023.

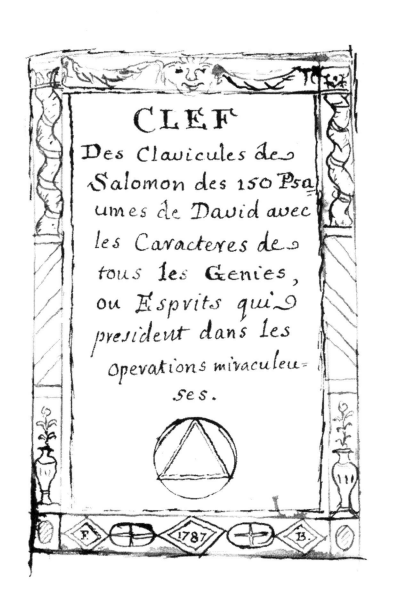

CLEF

Des Clavicules de Salomon des 150 Psaumes de David avec les Caracteres de tous les Genies, ou Esprits qui president dans les operations miraculeuses.

Elohim
Agla
Adonay
Jehovah
Schemhammaphoras

PSAUME PREMIER.

Par les Psaumes, on peut acquérir la vraie Théologie, l'art de prêcher et de donner bon conseil et prières pour la conversion des Lévitiques selon St Isidore qui le dira 22 jours de suite, et puis après une bonne confession, des bonnes œuvres, jeûnes, et aumônes, verra un Ange de Dieu qui lui enseignera comme il doit gouverner ses affaires pour la gloire de Dieu, et son Salut. Il sert aussi à éviter les mauvaises compagnies et trouver les bonnes. Il est bon pour la santé, pour être garanti de la main de ses ennemis. Il faut l'écrire sur du parchemin jusqu'au verset où il y a quiconque, le Jeudi à l'heure de Jupiter, puis votre nom, et dessous celui de l'Intelligence et son Caractère, et écrire le reste du Psaume sur du papier de coton bleu turquin, et au-dessous le nom de votre ennemi ou contraires, puis écrivant : *Moi qui suis tel fils de tel* ✠ *soient éloignées de moi toutes choses fâcheuses.* Puis [vous] coudrez les deux écrits ensemble du papier et du parchemin dans un morceau de taffetas et le pendre au col.

Nom de l'Intelligence : ELPAD

Son Caractère :

PSAUME 2.

Il est contre les mauvaises intentions de tous les méchants. St Isidore assura que celui qui le dira dévotement sera bien venu des Grands. Si on le dit sur un malade il guérira, et si on se trouve un péril de mer. Il faut l'écrire sur un reste[1] de pot de terre, et le dire trois fois, puis le jeter dans la mer ; elle se calmera.

Nom de l'Intelligence : GHOLAM

Son Caractère :

---

[1] Sur un *rest*, dans le Ms. Un morceau probablement.

PSAUME 3.

Il garantit de la malice des ennemis domestiques. St Isidore assura que celui qui le dira aura la paix avec tous ses ennemis. Il sert aussi à guérir les malades, le disant avec foi et dévotion sur lui. Il est bon contre toutes sortes de périls, contre les mauvais songes, mauvaises pensées et tentations, pour détourner de commettre péchés ou crime contre Prince et autres puissances. Il faut se lever avec le Soleil, et dire ce Psaume 7 fois, et à la fin de chaque fois dire le nom de l'Intelligence; et pour plus de force et vertu, l'écrire avec le nom de l'Intelligence et son Caractère avec de l'encre préparée avec un peu d'eau Rose.[2]

Nom de l'Intelligence : MAGAN

Son Caractère :

---

2   *Eau Rose* est écrit sous cette forme à travers le Manuscrit. On comprend qu'il s'agit d'*eau de rose*.

PSAUME 4.

Il sert contre les tribulations, pour acquérir l'amitié des Grands. Pourquoi il faut se lever un Jeudi avec le Soleil, et le dire 7 fois avec le nom de l'Intelligence, écrire le nom et le Caractère dans la main gauche, et avant de parler aux personnes, dire et regarder fixement ce qui est dans la main, puis après parler avec assurance.

Nom de l'Intelligence : HA

Son Caractère :

PSAUME 5.

Il sert pour avoir l'amitié des grands Seigneurs. Prenez de l'huile d'olive sur laquelle vous direz trois fois le Psaume, et à chaque fois le nom de l'Intelligence. Puis vous frotterez le front de cette huile, et le dessous de la main, sur laquelle vous aurez écrit le nom de l'Intelligence et le Caractère, et vous verrez l'effet.

Nom de l'Intelligence : CAMIEL

Son Caractère :

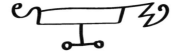

PSAUME 6.

Console les tourments de l'esprit [et] le mal des yeux. St Isidore dit que le disant 3 fois avec confiance et dévotion de suite, il change la mauvaise volonté d'un Juge et empêche qu'il ne condamne injustement. Il est contre les travaux et tourments de l'esprit, le disant 7 fois quand on est dans le besoin, nommant chaque fois l'Intelligence, et puis dire: *Je te prie Jésus, Seigneur du Salut, par la vertu de ces st noms et de ces Psaumes de me délivrer de tel tourment ou mal, dont tu peux guérir et délivrer ceux qui te plaisent.*

Il est bon contre le mal des yeux, si on le dit 7 fois, trois jours de suite avec son Intelligence, et à chaque fois écrire sur une feuille de laitue de laquelle il faut se frotter les yeux.

Nom de l'Intelligence: ISII

Son Caractère:

PSAUME 7.

Il sert contre les ennemis et procès, le portant sur soi avec son Caractère. Et si on est poursuivi par quelqu'un, prenez de la terre et dites le Psaume ci-après, et la jetez devant avec le nom de l'Intelligence, et il s'en retournera. Mais si vous avez un ennemi particulier, prenez une pièce de vaisselle neuve pleine d'eau de fontaine ou de rivière, et dites dessus 4 fois depuis le verset : *Exurge Domine in irâ tuâ,* jusqu'à la fin et y ajouter : *Mon Dieu c'est ainsi que tu as abattu l'ennemi Dahahabaile et foulé aux pieds la haine d'entre moi et untel.* Et puis jetez cette eau où votre ennemi passe souvent et vous le verrez courir après vous.[3] Si vous avez un procès, il faut le dire devant vos Juges, et nommer l'Intelligence ; vous aurez leur faveur.

Nom de l'Intelligence : EHEB

Son Caractère :

---

3   De toute évidence l'auteur désire indiquer que l'ennemi en question fuira l'opérateur à toutes jambes plutôt que de se mettre à le poursuivre !

PSAUME 8.

D avid figure en ce Psaume Jésus-Christ et sa divinité. C'est la manière de rendre grâces à Dieu. Il élève notre esprit à Dieu, et fait suivre sa volonté. Il sert pour donner du repos à l'esprit et au corps, et pour apaiser un enfant qui crie, le disant sur lui 3 fois avec son Intelligence, et mettant son Caractère sur lui; il s'apaisera et le garantira de tous maux. Vous ferez la même chose sur vous si vous voulez reposer.

Nom de l'Intelligence : EJAT

Son Caractère :

PSAUME 9.

David demande à Dieu par ce Psaume qu'il lui pardonne au jour du Jugement. Si vous le dites dévotement, il fait trouver les choses cachées et confirme la foi. Les anciens. St Jérôme et St Augustin disent qu'il fera obtenir [la] faveur d'un grand Seigneur; il sert aussi pour guérir un enfant malade.

Nom de l'Intelligence : HYASA

Son Caractère :

PSAUME 10.

David le fit étant persécuté par ses ennemis, qui le forcèrent de faire mourir le Roi Moab. Et par la vertu de ce Psaume, Dieu lui fait entendre par le Prophète Gad son retour dans son Royaume, et sa victoire. Si on dit cette Psaume dévotement devant un autel dans une Église, ou autre lieu, St Hiéronyme assure qu'il délivre une personne possédée du diable, le dire 3 fois sur lui. Il fait échapper des ennemis, et assassins, le dire 3 fois avec son Intelligence, regardant au Ciel, figurant d'une main sur l'autre son Caractère, ou mettant les deux premiers doigts l'un sur l'autre, ou les pliant un peu.

Nom de l'Intelligence : ZILOZ

Son Caractère :

PSAUME 11.

David fit ce Psaume fuyant devant Saül, qui l'avait assiégé dans la montagne Zeph, par la vertu duquel il fut délivré par la grâce de Dieu, comme on le dit dans le Premier des Rois, Chap. 3. Il donne le secours divin. St Cassiodore assure la guérison d'un malade, étant dit trois fois sur lui, et on délivrera son âme des péchés mortels. Il empêche d'être trompé par les flatteurs et mauvais conseils. Il sert pour se résoudre aux choses douteuses. Il faut le dire 3 fois avec le nom de l'Intelligence et l'écrire avec le Caractère. Il faut regarder fixement en le disant, et la première pensée qu'on aura à la fin de la 3ᵉ fois est la meilleure à suivre.

Nom de l'Intelligence : GABAJH

Son Caractère :

PSAUME 12.

David le fit craignant la destruction de Jérusalem, déjà arrivée, et pour l'établissement de laquelle les Juifs le disaient avec grande dévotion. Lorsqu'il est dit dévotement devant un crucifix, il a la vertu de rétablir en leur pays ceux qui en sont chassés. Ceux qui le diront tous les jours seront délivrés de mort subite et violente. Il faut l'écrire avec l'Intelligence le Dimanche à la première heure du jour, et le Caractère, avec une plume et encre préparée, puis le plier, et sur le premier pli, écrire l'Intelligence ; et le plier et replier avec un fil de lin, puis le porter enveloppé de toile.

Nom de l'Intelligence : NEKAH

Son Caractère :

PSAUME 13.

David composa ce Psaume contre le Roi Nabuchodonosor. Il est bon contre les ingrats, superbes et blasphémateurs. Il sert pour délivrer les prisonniers et ceux qui se trouvent dans quelques mauvaises rencontres, et pour retenir les méchantes langues des médisants et faux témoins. Et si quelqu'un doute d'être accusé à tort, il doit le dire 3 fois le jour avec le nom de l'Intelligence et son Caractère, qu'il faut regarder fixement en le disant, puis parle qui voudra contre vous, on y ajoutera aucune foi au mauvais discours.

Nom de l'Intelligence : EATOR

Son Caractère :

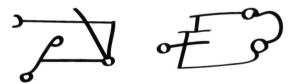

PSAUME 14.

David le fit, lorsqu'il résolut de bâtir le Temple. Celui qui veut bâtir quelques édifices le doit dire 3 fois avec son Intelligence et son Caractère, et écrire le tout sur du bois ou de la pierre, et le mettre dans les fondements; il durera à jamais. Celui qui le dira souvent sera maintenu en sa condition et prospérité. Il est encore bon contre les mauvais Esprits. Celui qui le dira sur un vase de terre plein d'eau, nommant l'Intelligence et écrivant le nom sur le vase avec un couteau; et si on craint l'Esprit ou quelqu'un, il faut se laver le visage et les mains de ladite eau; ils ne lui pourront nuire.

Nom de l'Intelligence : ELY

Son Caractère [4] :

---

4   Même Caractère que Ps. 67.

PSAUME 15.

David le fit prophétisant la venue de Jésus-Christ. Qui le dira dévotement, il obtiendra la santé du corps. Celui qui le dira tous les jours ne pourra être trompé dans ses affaires. Il sert pour se réconcilier avec ses ennemis et pour savoir qui a dérobé quelque chose. Prenez de la terre de la rivière et du sable, et en faites une boule de pâte et enveloppez dedans les noms de ceux que vous soupçonnez en chacun un billet à part, bien plié, et écrivez au fond du vase de terre le nom de l'Intelligence et le Caractère. Puis remplissez-le et y mettez la boule, puis dites le Psaume dessus avec son Intelligence en disant : *Mon Dieu, faites-moi savoir qui m'a dérobé telle chose.* Et le billet qui montera [à la surface] sera celui qui vous aura volé.

Nom de l'Intelligence : CAAL[5]

Son Caractère :

---
5   Ou *Caai*. Mot difficilement lisible.

PSAUME 16.

David composa ce Psaume lorsque Saül le poursuivait, comme plusieurs autres en pareil cas. Il est bon pour les tourments du corps et de l'esprit, et a les mêmes vertus que le précédent. Il sert aux voyageurs pour voyager heureusement. Si on le porte écrit avec son Intelligence et son Caractère sous l'aisselle gauche, et le dire neuf fois, on ne fait aucune mauvaise rencontre, et on sera agréable à tout le monde.

Nom de l'Intelligence : SCEMA

Son Caractère :

PSAUME 17.

David rend grâces à Dieu par ce Psaume de sa victoire sur ses ennemis (1ᵉʳ des Rois, Chap. 3). Il est bon contre la foudre et le tonnerre, duquel on ne sera point offensé, en le disant à genoux lorsqu'il tonne. Il est bon contre les voleurs de grand chemin, si on le dit avec son Intelligence et en marchant. Vous graverez son Caractère où vous voudrez avec un couteau et le nom de l'Intelligence, et ne pourront vous nuire.

Nom de l'Intelligence : JELA

Son Caractère :

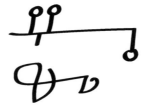

PSAUME 18.

David en celui-ci exprime la grandeur de Dieu et de sa Loi. Il est bon pour acquérir la grâce de Dieu. Si un Prédicateur le dit 3 fois avec son Intelligence et son Caractère, il ne manquera point à son sermon. Il facilite les accouchements des femmes en prenant un peu de terre de chemin, puis les écrire jusqu'au verset : *Tu es quem spiritus*, avec son Intelligence et Caractère, et mettez-les sur le corps de la femme, puis le dire 3 fois ; elle enfantera aussitôt. Et aussitôt qu'elle aura accouché, ôtez-le dans l'instant.

Nom de l'Intelligence : MECHEL

Son Caractère :

Il est bon pour donner de l'esprit. Pour cela prenez un verre de vin et de miel, et dites dessus 7 fois le Psaume, et à chaque fois dire : *Mechel, je te conjure, donne-moi un bon esprit et entendement*. En tout autre étude et science, le dire le Mercredi ou Vendredi au Soleil levant, et le donner à boire à qui vous voudrez.

PSAUME 19.

David fit ce Psaume en temps de guerre (2. Rois, Chap. 21) pour demander à Dieu la victoire sur ses ennemis. C'est pourquoi il sert en temps de guerre, et celui qui le dira obtiendra de Dieu ce qu'il voudra. Si on le dit sur un malade, on connaîtra l'événement de son mal. S'il repose ce jour-là, il vivra. S'il est inquiet, il mourra. Si on combat son ennemi, il faut l'écrire sur du parchemin de Chevreau avec du sang du Coq noir, signé au jour et heure de Mars, puis le lier avec un fil de fer, et le porter au col. Quand vous voudrez combattre, il faut dire le matin le Psaume.

Nom de l'Intelligence : JEHEU

Son Caractère :

PSAUME 20.

S t Cassiodore dit que ce Psaume apaisa la dissension populaire; si on le dit 3 jours dévotement. Et même il sert pour avoir longue vie et être bien venu de tout le monde.

Nom de l'Intelligence : MELEE

Son Caractère :

PSAUME 21.

Il est bon pour avoir la grâce de Dieu. Il sert à délivrer les prisonniers en le disant 3 jours. Il apaise ceux qui sont en colère contre nous. Il sert contre les périls de mer. Et si on le dit à l'entrée de la porte d'une maison où il y a des Esprits et des malfaiteurs, et si on veut sortir de prison, il faut le dire trois fois tous les jours avec son Intelligence, et après l'avoir dit, il faut chaque trois jours, près de la porte de la prison, marquer avec quelque instrument son Intelligence et son Caractère.

Nom de l'Intelligence : AZLA

Son Caractère :

PSAUME 22.

Il défend des tyrans. Il est bon pour avoir réponse en songe, comme le précédent. Il faut l'écrire jusqu'au verset où il y a : *Oculi mei semper ad Dominum*, avec l'Intelligence et le Caractère et la demande, et le mettre sous le chevet du lit, le drap contre la tête ; et observez bien le songe et vous verrez votre réponse.

Nom de l'Intelligence : ASSA

Son Caractère :

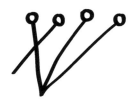

PSAUME 23.

Il sert à délivrer l'homme des afflictions; pour obtenir la paix et la grâce de Dieu, et la santé; et aussi contre les ennemis et bêtes sauvages. Pour cela, il faut l'écrire sur du parchemin de Chevreau avec l'Intelligence et le Caractère, et le porter et le dire au besoin.

Nom de l'Intelligence : COST

Son Caractère :

PSAUME 24.

Ceux qui le diront obtiendront de Dieu les nécessités de la vie. Et celui qui sera dans des chemins dangereux n'aura jamais d'accidents. Et si on veut avoir en songe réponse d'une chose dont on est en peine, il faut le Dimanche et le Mercredi l'écrire sur une feuille de Laurier ou de Lierre, avec de l'encre préparée avec de l'eau Rose, et le nom et Caractère de l'Intelligence. Et le soir, il le faudra dire 7 fois et à chaque fois, faire la demande ; et en dormant vous aurez la réponse en songe.

Nom de l'Intelligence : GAMEOL

Son Caractère :

PSAUME 25.

Il est bon pour se conserver dans les grandes communautés où il y a des méchants. Il est bon à consoler les affligés et contre les ruses du diable, pour se délivrer de prison. Soir et matin, trois fois pendant 7 jours avec l'Intelligence, qu'il faut écrire avec son Caractère sur la porte du geôlier avec un couteau, et fussent même pour les galères, pour une vie inconnue qu'on ne peut imaginer, il sera délivré.

Nom de l'Intelligence : JOSLEM

Son Caractère :

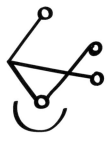

PSAUME 26.

Il est bon pour ceux qui sont appelés à de grandes charges. S'il est dit dévotement tous les jours, il sera très en repos et illuminé dans sa conduite. Il est infaillible et sert à tous ceux qui ont quelque chose en leur charge et gouvernement. Il fera choisir laquelle des deux voies on doit choisir. Si on est en suspens, on sera éclairé aussitôt qu'on l'aura dit. Et il est bon pour se rendre maître des bêtes féroces, si on l'écrit avec son Intelligence et Caractère sur du parchemin coupé en triangle △ et le montrer à quelque bête sauvage, disant seulement le Psaume; elle s'apprivoisera comme un agneau.

Nom de l'Intelligence: OMYA

Son Caractère:

PSAUME 27.

Il est bon pour ceux qui confessent souffrir pour leurs péchés, et par ce moyen peuvent obtenir de Dieu tout ce qui leur est nécessaire, le disant tous les jours dévotement. Il est bon pour ceux qui sont persécutés par leurs enfants et par leurs proches, par ceux qui donnent l'aumône afin que leurs biens soient multipliés en ce monde et en l'autre. Il réconcilie avec les ennemis. Pour cela, il faut le dire 3 fois avec le nom de l'Intelligence et regardant fixement son ennemi en face, et plier le gros doigt sur le premier joint de l'index, et y former le cha… cy manque)[6] 3 fois, et vous aurez la paix avec lui.

Nom de l'Intelligence : JELEM

Son Caractère :

---

6   Tel quel dans le Ms. Possiblement *et y former le Caractère*.

PSAUME 28.

Il est bon pour louer Dieu en toutes ses œuvres, et lui rendre grâces de tous les biens spirituels et temporels reçus de lui afin qu'il les multiplie. Il sert pour se garantir contre l'orage, et la tempête sur mer et sur terre, et de ses tremblements, et même des bêtes féroces. Pourquoi prenez 7 feuilles de Saule ou de Palmier, si vous en avez, sur quoi vous direz 7 fois le Psaume avec le nom de l'Intelligence, et l'écrire avec le Caractère sur du papier et le plier, après avoir mis les feuilles dedans, et couvrez-le de toile et portez-le sur la poitrine dans vos voyages, et ne craignez rien sur mer et sur terre, ni dans les déserts.

Nom de l'Intelligence : OLEL

Son Caractère :

PSAUME 29.

Il est bon contre l'adultère, et pour guérir les malades qui ne doivent pas mourir de cette maladie, et même pour n'avoir ni misère ni pauvreté dans cette vie. Contre la fièvre maligne, l'écrire au nom du malade le Mercredi ou Dimanche, au point du jour, avec l'Intelligence et le Caractère, et écrire au-dessous : *Je te conjure* _____ [7] *qu'un tel fils d'une telle soit bientôt guéri de toutes fièvres et infirmités*. Il faut le dire 3 fois tous les matins sur les malades tant qu'ils ne soient guéris.

Nom de l'Intelligence : DALFA

Son Caractère :

---

7   Il y a un espace vide ici dans le Manuscrit. Il m'apparaît logique de croire qu'il tient lieu du nom de l'Intelligence à conjurer.

PSAUME 30.

Il est bon contre les Démoniaques et les puissances Diabolique. Il empêche les maléfices que les enchanteurs et sorciers jettent ordinairement sur les yeux des enfants. Pour empêcher donc et détruire le sortilège, il faut le dire avec le nom de l'Intelligence sur de l'huile d'olive, et en frotter le front et la région du cœur, et en former le Caractère sur l'une et sur l'autre ; il empêchera que l'œil du malade n'ait un maléfice, ce qui arrive assez ordinairement.

Nom de l'Intelligence : COSCEL

Son Caractère :

PSAUME 31.

Il sert pour savoir si Dieu nous a pardonné nos péchés, et même contre les morsures des Chiens et des Serpents, en disant particulièrement le verset : *In camo et freno maxillas eorum constringe qui non approximant ad te.*

Il est encore bon pour ceux qui ont commis des crimes cachés et qui craignent être découverts. Si on le dit 3 fois tous les jours avec le nom de l'Intelligence que l'on écrit sur la poitrine avec le Caractère, on ne parlera jamais.

Nom de l'Intelligence : HELEM

Son Caractère :

PSAUME 32.

Il acquiert la grâce de Dieu, et imprime la Loi aux auditeurs qu'on prêche. Il chasse les tentations; empêche la stérilité des femmes. Il est propre pour faire lever le siège d'une place en prenant un vase de terre plein d'huile d'olive, et dire le Psaume 3 fois le jour, dessus le matin, à midi et au soir, avec son Intelligence; et avec cette huile marquez le nom de l'Intelligence et le Caractère contre toutes les portes de la ville, place ou maison, et ferez 7 fois la même chose, et après les 7 fois, on sera délivré et le siège sera levé au bout de 7 jours.

Nom de l'Intelligence : JOLA

Son Caractère :

PSAUME 33.

Il délivra de la main des puissances; les étudiants qui le diront dévotement tous les jours seront bientôt savants. Celui qui veut gagner son procès ou qui désire un accommodement, il le doit dire trois matins trois fois de suite, avec le nom de l'Intelligence qu'il faut écrire avec le Caractère sur le dos du bras gauche, et on verra tel effet.

Nom de l'Intelligence : RINA

Son Caractère :

PSAUME 34.

Il est bon contre la stérilité et pauvreté, contre la perturbation des puissances et tyrans, pour le confondre et faire mourir si on le dit dévotement tous les jours. Il fait remporter la victoire dans un combat juste et met la confusion parmi les ennemis ; arrête le débordement des enfants vicieux. Il faut l'écrire sur du parchemin avec l'Intelligence et le Caractère, et puis le plier et dire : *Je te prie Dieu de vertu, que tu fasses revenir untel de ses erreurs, qu'il quitte tous les vices, et fasse ta volonté seulement.* Et puis le coudre dans ses habits et à son insu.

Nom de l'Intelligence : EMER

Son Caractère :

PSAUME 35.

Il a la vertu du précédent ; il donne de la consolation ; il fait accoucher les femmes sans nulle douleur ; il fait prospérer nos biens, le disant tous les Jeudis et Mardis matin avec son Intelligence et son Caractère marqué sur une feuille d'Olivier avec de l'encre préparée, et le mettre sur la porte de la maison.

Nom de l'Intelligence : ALAEL

Son Caractère :

PSAUME 36.

Il donne de la patience en nos adversités. Il confond nos ennemis, qu'ils ne pourront nous nuire quelques haines qu'ils aient contre nous. Si nous le disons dévotement tous les Mardis matin, et le porter écrit sur du parchemin avec le nom et le Caractère et le nom de l'Intelligence.

Nom de l'Intelligence : RAMA

Son Caractère :

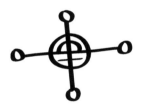

PSAUME 37.

Celui qui le dira dévotement obtiendra la rémission de ses péchés, et exempt de la peine qu'il méritait. Il guérit du mal caduc si on l'écrit sur une lame d'Argent avec un poinçon, un Mercredi matin, avec son Intelligence et son Caractère, et lui faire dire 7 fois le jour, le matin, à midi et le soir, et qu'il porte la lame pendue au col, il guérira.

Nom de l'Intelligence : COLY

Son Caractère :

PSAUME 38.

Il sert pour acquérir la patience contre les médisances, si on le dit dévotement 7 fois. Dieu permet qu'on devine le jour de sa mort par quelques signes. Si on veut disputer de quelque science, il faut le dire devant avec son Intelligence, et au commencement de la dispute, il faut plier le doigt index de la main gauche en rond pour le Caractère, et on trouvera toutes les raisons nécessaires pour confondre ses adversaires.

Nom de l'Intelligence : VIQUA

Son Caractère :

PSAUME 39.

David fit ce Psaume pour demander à Dieu l'accomplissement de ses désirs; pourquoi celui qui le dit dévotement peut obtenir la même chose. Il est bon pour prêcher, parler ou plaider en public, le disant une heure devant avec son Intelligence et Caractère qu'on écrira avec le nom sur le dos de la main droite, et on parlera au gré de tous.

Nom de l'Intelligence : PINDAR

Son Caractère :

PSAUME 40.

Il est bon pour élever les hommes aux dignités et qu'ils soient chéris de Dieu, comme fut Salomon. Si on l'écrit avec son Intelligence et Caractère contre les murs de la maison, tous ceux qui l'habiteront obtiendront bénédiction et miséricorde. Il est bon pour faire la paix avec nos ennemis; à nous faire rendre ce qu'ils nous doivent. Il est bon pour la fièvre, si on l'écrit sur du papier de coton avec son Intelligence et Caractère, faisant la première lettre de chaque verset d'une autre couleur, et dire en le pliant: *Qu'il te plaise Jehovah de guérir un tel, fils d'un tel, de la fièvre.* Et l'attacher au col.

Nom de l'Intelligence: ANENA

Son Caractère:

PSAUME 41.

Il sert pour obtenir de Dieu l'effet de ses justes désirs. Il délivre les âmes du Purgatoire. Il peut même acquérir la béatitude de ce monde ici, et de l'autre, avec toute prospérité, douceur temporelle, et spirituelle. Il fait avoir réponse certaine en songe de ce que l'on désire. Le Mercredi quand on voudra se coucher, il faut le dire 7 fois avec le nom de l'Intelligence et dire : *Je te prie, mon Dieu, par tes saints noms et par Zaca que cette nuit me soit montré en songe la réponse de ma demande qui est telle et telle.* Et se coucher dans des draps blancs, mettre le Caractère sur le chevet du lit, et vous aurez la réponse.

Nom de l'Intelligence : ZACA

Son Caractère :

PSAUME 42.

Il sert pour être heureux en ce monde et se délivrer des méchants. Ceux qui le diront ne mourront jamais sans la grâce de Dieu. Il empêche les maléfices et les enchantements. Il remet par sa vertu celui qui aura été démis de sa charge, le disant trois fois le jour, le matin, à midi et le soir, pendant 7 jours, avec le nom de l'Intelligence et avec le Caractère que vous regarderez fixement en disant le Psaume, et serez rétabli.

Nom de l'Intelligence : JEJORDUOSEJOR

Son Caractère :

PSAUME 43.

Recevrons des consolations en nos affections en le disant dévotement les bras croisés sur la poitrine. Il sert pour réprimer nos ennemis, le disant le Samedi et Lundi matin et soir, au défaut[8] de la Lune sur la terre avec l'Intelligence. Et en disant ce Psaume, il faut se tenir sur le pied droit et faire ainsi pendant 5 jours.

Nom de l'Intelligence : ZARIA

Son Caractère :

---

8   Tout indique lors d'une *Lune décroissante*, phase lunaire couramment utilisée pour bannir et chasser les influences hostiles.

PSAUME 44.

Si on le dit tous les matins, il fait obtenir de Dieu les grâces qu'on lui demande. Il est bon pour la femme afin qu'elle soit aimée du mari. Celui qui le dira dévotement sera délivré de mort violente et honteuse, le disant devant un crucifix à genoux. Il est bon pour l'amour, le disant le Vendredi matin au Soleil levant, au croissant de la Lune avec l'Intelligence, et l'écrire, le Caractère au milieu de la main gauche et dire : *Je te prie qu'un tel ou une telle sincèrement s'intéresse à moi, et fasse toute ma volonté.* Tâchez de toucher ce jour-là cette personne avec la main gauche, ou du moins faites-la-lui voir.

Nom de l'Intelligence : JEJAVA[9]

Son Caractère :

---

9   Ou *Jesava*. Mot illisible.

PSAUME 45.

Il est bon pour consoler les affligés ; pour vaincre ses ennemis, la guerre étant juste. Il est bon pour vaincre les tentations du Diable, et obliger le mari à aimer sa femme. Si elle a de ses cheveux et disant le Psaume sur de l'huile d'olive, et le dire 3 fois avec son Intelligence. Puis mettez les cheveux dans l'huile. Ensuite tâchez de lui frotter la poitrine et le pouls du bras et qu'elle marque le Caractère sur son front, puis mettez les cheveux autour du loquet de la maison, et il l'aimera.

Nom de l'Intelligence : ARŸ

Son Caractère :

PSAUME 46.

Il rend les hommes agréables dans leurs commissions en gagnant l'amitié de ceux qui les entendent heureux dans le commerce, tant pour vendre que pour acheter. Il est bon contre les tremblements de terre, pour délivrer les prisonniers, pour se faire aimer, si on le dit avec son Intelligence 3 jours de suite, 3 fois le jour à la Lune croissante et le portant sur soi avec le Caractère; on sera aimé de tous ceux qu'on fréquentera.

Nom de l'Intelligence: CAFEAEN
ou CAFAHEM

Son Caractère:

PSAUME 47.

Il sert à retrouver un vol, si on le dit 30 jours de suite, ou plus si vous voulez. Il est bon pour la conservation d'une ville, château, maison ou autres lieux, et empêche leur ruine et destruction, si on l'écrit sur une pierre et le dire dévotement à la louange de Dieu. Celui qui le dira dévotement tous les jours et le portera sur soi sera heureux en toutes ses affaires. Il sert pour délivrer une ville assiégée, si on le dit avec l'Intelligence 3 fois le matin, trois jours de suite sur un verre de ✠[10], sur lequel vous figurerez le Caractère de la main droite en disant le Psaume, puis jetez le ✠ contre les murs de la ville à droite des quatre parties du monde.

Nom de l'Intelligence : MALOR
ou MAZON

Son Caractère :

---

[10] Ce symbole dans le Ms. indique probablement le vin liturgique.

PSAUME 48.

Il sert pour la gloire d'être illuminé de la foi. Il sert pour obtenir la même chose que les saints martyrs. Il est bon contre les fièvres, si on l'écrit sur de la toile de lin blanc et neuve, et le pendre au col avec le nom de l'Intelligence et le Caractère, et que le malade le dise dévotement.

Nom de l'Intelligence : SAR

Son Caractère :

PSAUME 49.

Il sert pour rendre nos sacrifices et aumônes agréables à Dieu, et qu'il exauce les prières de ceux qui le disent. Il empêche qu'on ne fasse des péchés mortels. Il préserve des périls de la mer dans l'orage et la tempête. Il garantit des voleurs et meurtriers, si on le dit dévotement, et si on le porte sur soi avec son Intelligence et son Caractère.

Nom de l'Intelligence : CAIL

Son Caractère :

PSAUME 50.

Il fait obtenir la rémission des péchés, si on le dit depuis qu'on les a commis. Il sert contre l'hémorragie du nez, si on le dit ou fait dire dévotement à cette intention ; le sang s'arrêtera. St Ambroise dit ce Psaume utile à la santé du corps et de l'âme, le disant tous les jours. Et contre les tentations, si on le dit 3 fois le jour avec son Intelligence sur de l'huile de lin, et de cette huile en marquer le Caractère sur la région du cœur.

Nom de l'Intelligence : JESNU

Son Caractère :

PSAUME 51.

St Jérôme dit qu'il est bon contre la brûlure et contre ceux qui corrompront les Grands et les Juges au préjugé des pauvres, qui seront chargés ou punis par sa vertu. St Augustin dit que ceux qui le diront avec confiance remporteront la vérité, et le faux sera anéanti. Il le faut dire le matin avant le Soleil lever, 3 fois avec son Intelligence, 3 jours de suite, pliant la main vers le Soleil et formant le Caractère avec les deux doigts du milieu.

Nom de l'Intelligence : CADY

Son Caractère :

PSAUME 52.

Il est bon contre les méchants et les impies qui veulent ternir la gloire de Dieu. Si un mauvais Juge vous fait tort, vous n'avez qu'à dire ce Psaume en sa présence, si vous pouvez, avec son Intelligence, et le regarder en face fixement avec le Caractère écrit, et le mettre par où il doit passer ; il changera d'intention.

Nom de l'Intelligence : NEEL

Son Caractère :

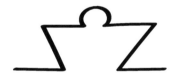

PSAUME 53.

St Jérôme dit qu'il est bon contre les hommes dissimulés et traîtres. St Augustin dit que [celui] qui le dira dévotement pourra connaître son ami d'avec son ennemi. Celui qui le dira confondra en peu de temps les calomniateurs. Il sert pour se cacher de la malice des hommes, en le disant avec son Intelligence et en pliant le gros doigt de la main gauche dans le poing, sur lequel on formera le Caractère le mieux qu'on pourra, on ne pourra être attrapé lorsque les ennemis voudront trouver la personne pour lui faire du mal.

Nom de l'Intelligence : USAM

Son Caractère :

PSAUME 54.

Il est bon contre les ingrats, car par sa vertu, ils seront punis sévèrement. Il sert pour rendre grâces à Dieu, lorsqu'on est délivré du péril. Il est bon encore pour la Cour, comme le précédent, en le disant 3 fois avec son Intelligence et le Caractère, et le portant sur soi, le disant souvent. Mais il est merveilleux, si vous les écrivez tous les deux avec leurs Caractères.

Nom de l'Intelligence : NUSY

Son Caractère :

PSAUME 55.

Il fait tomber nos ennemis entre les mains des puissances, qui en feront la raison. Ceux qui le diront tous les jours avec confiance en Dieu, durant leurs tribulations, seront vengés de leurs ennemis. Il est bon pour les armes, si on l'écrit avec son Intelligence et son Caractère sur une lame de fer, à l'heure et jour de Mars; et l'ayant écrit, il le faut montrer au feu ou au Soleil, et après l'envelopper en graisse[11] toile et le porter au col. Le Courage s'augmentera et les ennemis seront épouvantés, et aucune arme ne pourra vous nuire.

Nom de l'Intelligence : AZAYAIA

Son Caractère :

---

11   Tel quel dans le Ms.

PSAUME 56.

Il sert pour obtenir grâce et miséricorde de Dieu, le disant tous les jours. Il nous fera prospérer dans nos affaires, le disant ordinairement après nos prières ordinaires avec l'Intelligence et le Caractère devant soi; toutes choses prospéreront.

Nom de l'Intelligence : JOUACH

Son Caractère :

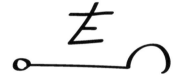

PSAUME 57.

Il est bon contre les Enchanteurs, Sorciers et Magiciens, qui seront en peu de temps châtiés sévèrement. Il est bon contre les bêtes farouches, si on le dit avec le nom de l'Intelligence, en faisant le Caractère avec les 3 doigts de la main gauche et leur montrer.

Nom de l'Intelligence : NABA

Son Caractère :

PSAUME 58.

Il sert pour obtenir de Dieu son secours contre nos ennemis, qui seront promptement punis. Il délivre les prisonniers de la mort méritée, le disant avec son Intelligence soir et matin, disant : *Je te prie de me délivrer, comme David qui fit cette prière avec son Psaume.* Puis écrire le Caractère comme vous pourrez sur la muraille de votre demeure.

Nom de l'Intelligence : AZIL

Son Caractère :

PSAUME 59.

Il est bon pour remporter la victoire; un Roi allant à la guerre contre un autre Potentat, si elle est juste. Il est bon pour délivrer une ville assiégée, si on le dit sur un vaste plein d'eau claire avec son Intelligence, après versez cette eau au milieu de la ville, et formez le Caractère sur la terre.

Nom de l'Intelligence: KARLI

Son Caractère:

PSAUME 60.

Lorsque David fut échappé de la persécution d'Absalon. Il sert pour vivre en prospérité, et nous console dans nos adversités. Il fait que la femme aime son mari, s'ils ont eu de la haine ensemble, et pourvu que les circonstances aient été accomplies et que la foi soit grande. Il rappelle les bannis et les pèlerins en son pays. Il est bon pour une maison malheureuse, si on y craint quelque fatalité. Il faut l'écrire sur parchemin réglé avec de l'Argent, avec son Intelligence et son Caractère, et le mettre dans un vase de terre et l'enterrer dans la Cour au milieu de la maison.

Nom de l'Intelligence : AOL

Son Caractère :

PSAUME 61.

Il est bon pour confondre ses ennemis, surtout ceux de Dieu, et les Princes. Il est bon pour acquérir la gloire de Dieu, et mépriser le monde[12], pour obtenir les choses nécessaires à la vie humaine, si on le dit toujours avec dévotion. Il fait gagner au jeu si on l'écrit sur du parchemin de Chevreau le premier Jeudi de la Lune, au lever du Soleil, avec du sang de Coq saigné le même jour et heure, et que le parchemin soit réglé avec de l'Argent. Puis écrire l'Intelligence avec le Caractère et l'envelopper dans du taffetas rouge, et le porter sur soi.

Nom de l'Intelligence : ITUS[13]

Son Caractère :

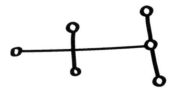

---

12   Forcément l'auteur désirait indiquer autre chose. J'imagine qu'*échapper au mépris du monde* serait plus à propos.
13   Ou *Jtus*.

PSAUME 62.

Celui qui le dira dévotement sera rempli des bénédictions lui et sa famille, et de biens spirituels. Il sert pour se faire aimer d'une femme. Si on le dit 7 fois, 7 matins de suite au lever du Soleil avec son Intelligence, à une fenêtre ou porte guarrée, [le] regardant fixement.

Nom de l'Intelligence : MIZEL

Son Caractère :

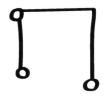

PSAUME 63.

Il est bon pour se délivrer de plusieurs ennemis, et contre les Grands qui oppriment les pauvres. Il convertit en foi, en gloire, tous ceux qui ont été dans la misère, calomnies et autres angoisses. Il préserve les voyageurs dans les grands chemins, et bois, et lieux déserts des bêtes farouches, et de voleurs, et on ne peut se détourner de son chemin. Il faut pour cela écrire au premier arbre qu'on trouvera le Caractère et l'Intelligence avec un fer, puis mettre la main sur le Caractère et dire 3 fois le Psaume avec l'Intelligence ; après marchez librement.

Nom de l'Intelligence : PANIM

Son Caractère :

PSAUME 64.

Il sert pour obtenir de Dieu sa bénédiction pour avoir abondance de biens sur la terre, et surtout à ceux qui font l'aumône aux pauvres. Si on a besoin de pluie, il faut prendre un vase de ♄ ou de ☉ [14], et former le Caractère aux côtés, puis le remplir d'eau de fontaine ou de fleuve, puis dire dessus le Psaume avec son Intelligence 3 fois, et verser ensuite l'eau sur la terre où il y a des plantes semées en disant : *Je te prie Seigneur, conformément à ta puissance*. Et faites cela 3 fois, trois jours de suite le matin.

Nom de l'Intelligence : JYAHS

Son Caractère :

---

14   D'Étain ou d'Or.

PSAUME 65.

David fit ce Psaume pour rendre grâces à Dieu de ce qu'il avait délivré son peuple de la servitude d'Égypte. C'est ici la figure de la résurrection de Jésus-Christ et de tous les biens de la terre. Il faut le porter sur soi avec son Intelligence, écrit sur du parchemin de Chevreau et le Caractère sur de la toile cirée.

Nom de l'Intelligence : MAES

Son Caractère :

PSAUME 66.

Celui qui le dira souvent avec dévotion aura des biens en abondance, et ce qui est approuvé en l'ancienne et nouvelle Loi. Il le faut dire 3 fois le jour dans la nouvelle Lune avec son Intelligence, et le porter sur soi avec le Caractère écrit.

Nom de l'Intelligence : GLO

Son Caractère :

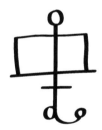

PSAUME 67.

Il est bon pour confondre les ennemis de la Loi, contre les dangers de la mort, et pour être délivré des eaux, pour obtenir la rémission des péchés et la miséricorde de Dieu, pour le bien du corps et de l'esprit, si on le dit quelquefois dévotement. Si on l'écrit sur du papier bleu[15] et pur, il fera dormir un malade si on le met sur sa tête.

Nom de l'Intelligence : JASUR

Son Caractère[16] :

---

15   *Bleau* dans le Ms.
16   Même Caractère que Ps. 14.

PSAUME 68.

Il est bon et admirable contre la foudre et les tempêtes, les tremblements de terre, et l'inconstance de l'air et de la mer. Il est bon contre les persécutions de l'Église. Les pauvres, veuves et orphelins qui le diront dévotement seront délivrés, disant aussi son Intelligence, parce que le Psaume est la vraie Oraison que Jésus-Christ dit lui-même les 3 dernières années de sa vie. Il est bon pour les voyageurs et surtout sur mer, le disant 3 fois jusqu'au verset : *Propter inimicos meos redime me*. Puis l'ayant écrit avec son Caractère dans un billet, et l'être [17] sera délivré.

Nom de l'Intelligence : MAISAT [18]

Son Caractère :

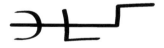

---

17   *Lettre*, dans le Ms.
18   Ou *Mairat*. Difficile à lire dans le Ms.

PSAUME 69.

Celui qui le dira dévotement sera délivré de tous périls imprévus. Il fait prospérer la personne en toutes choses, si on le dit au commencement des heures canoniales. Il sert pour vaincre dans le combat, si on le porte sur le cœur, écrit avec du sang dans le jour et heure de ♂ avec l'Intelligence et le Caractère. Et le disant tous les jours, vous serez vainqueur de tous vos ennemis.

Nom de l'Intelligence : PALAT [19]

Son Caractère :

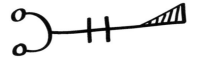

---

[19] Ou *Ralat*.

PSAUME 70.

Il redonne la vigueur à un vieillard, si on l'écrit avec l'Intelligence et le Caractère sur une peau d'Ours. L'envelopper dans un morceau de toile neuve, puis le porter pendu au col dans une petite boîte d'Or, et le dire tous les Dimanches et Jeudis matin. Il semblera qu'on venait si on le dit favorablement avec beaucoup de confiance en Dieu[20], admirant sa bonté et sa clémence infinie, il sera aidé et obtiendra sa bénédiction sur lui et sur toute sa famille, et en tous leurs biens.

Nom de l'Intelligence : JEVEL

Son Caractère :

---

20   Ce passage ne fait pas vraiment de sens.

PSAUME 71.

Il est bon pour être aimé de tous les hommes, et aussi des Princes et grands Seigneurs. Il fait qu'on est agréable à tout le monde. Il sert pour conserver les biens, en l'écrivant sur un morceau de terre neuf avec son Intelligence et Caractère. Il faut le mettre sous le toit de la maison, sous une tuile en sorte qu'il ne puisse pas être mouillé.

Nom de l'Intelligence : ŒHO

Son Caractère :

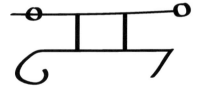

PSAUME 72.

Il sert pour obtenir la grâce de Dieu. Il est bon pour avoir réponse en songes. Si on le dit le Samedi, 3 fois en se couchant, avec son Intelligence et en disant votre Psaume, faites votre demande et écrivez votre Caractère sur une feuille de Lierre, et mettez-le sous le chevet, et vous aurez une favorable réponse.

Nom de l'Intelligence : ANI

Son Caractère :

PSAUME 73.

Il est bon pour les désolés qui croient être abandonnés de Dieu. Il empêche qu'on ne se désespère si on le dit dévotement quelquefois. Il est encore bon pour la Ronz si on le dit le ♀di, ♃di & ♄di [21] avec l'Intelligence, ayant son Caractère écrit et le regardant fixement disant ce Psaume, ôtera le scandale de la Ronz s'apaisera.[22]

Nom de l'Intelligence : DALTI

Son Caractère :

---

21   Vendredi, Jeudi et Samedi.
22   Je demeure perplexe quant au sens de cette dernière phrase.

PSAUME 74.

Il sert à celui qui le dira pour être béni de Dieu. Il sera délivré de la prison comme St Pierre, St Thomas, et plusieurs autres qui le disaient tous les jours. Il est bon pour le profit des marchands, si on l'écrit le jours et heures de Jupiter sur une peau de Renard avec l'Intelligence et le Caractère, l'enveloppant avec du taffetas lié avec du fil d'Or, et le dire tous les jours.

Nom de l'Intelligence : RUBA

Son Caractère :

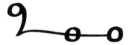

PSAUME 75.

Il est bon pour détruire la malice des collèges et congrégations. St Jérôme dit qu'il l'estime Oraison admirable pour obtenir la paix et rétablir celui qui serait déchu de dignité. Il sert aussi comme le précédent; et il est bon contre le tonnerre et tremblements de terre, si on le porte sur soi, écrit en parchemin avec le Caractère et l'Intelligence, et le dire 3 fois lorsqu'il tonne.

Nom de l'Intelligence : ABIN

Son Caractère :

PSAUME 76.

Il est bon pour éviter la trahison et détruire ceux qui veulent monter aux dignités par de mauvais artifices, et ruiner tous leurs desseins. Il est bon comme le précédent, contre le tonnerre, [et] l'insomnie, le disant 3 fois en se couchant jusqu'au verset : *Qui Deus magnificat*, avec son Intelligence et mettant sur sa tête bien formé le Caractère sur un morceau de toile de lin blanche.

Nom de l'Intelligence : TARDAEL

Son Caractère :

PSAUME 77.

Il guérit les peuples d'ingratitude et de colère, si on le dit dévotement à l'Église, quand les peuples seront affligés, afin qu'ils soient délivrés par sa vertu. Il sert pour avoir l'amitié des Princes, le disant auparavant que de les voir, se levant le matin avec l'Intelligence, écrivant le Caractère au milieu de la main gauche. Et lorsque vous mettrez le pied dans le palais, regardez le Caractère et nommez trois fois l'Intelligence.

Nom de l'Intelligence : CHESDEL

Son Caractère :

PSAUME 78.

Il est propre pour prier pour l'Église de Dieu et ses ministres, et pour tous les fidèles, amis et enfants quand elle est persécutée. Tous les persécuteurs sont abattus et confondus par sa vertu. Il sert pour être bien reçu de tout le monde dans nos nécessités. Il est bon pour se garantir de ses ennemis, le disant le matin avec son Intelligence, après les Oraisons ordinaires, regardant la forme du Caractère, nommant ses ennemis, en disant : *Pour toi soit dit.*

Nom de l'Intelligence : CHEMA

Son Caractère :

PSAUME 79.

Si on le dit dévotement, lorsqu'on a planté la Vigne, et qu'elle commence à rapporter, elle aura de bons fruits. Si on l'écrit en 4 morceaux de papier vers les 4 parties du monde, et aux 4 côtés d'une ville assiégée, elle sera bientôt délivrée.

Nom de l'Intelligence : ZENAT

Son Caractère :

PSAUME 80.

Il sert pour recueillir de bons fruits l'année à venir, s'il est dit comme il est enseigné au Psaume *Misereatur*. Il sert pour délivrer de l'esclavage, le disant soir et matin avec son Intelligence, formant à chaque fois le Caractère en élargissant les deux doigts de la main droite, et pliant le bout comme un archet, on sera débarrassé.

Nom de l'Intelligence : JELI

Son Caractère :

PSAUME 81.

David le fit pour prévenir les mauvais Juges qui se laissent gagner par amis, par argent, ou par haine. Pour gagner son procès, il le faut dire avec son Intelligence devant la Cour, formant le Caractère, mettant le pouce de la main droite sur la gauche, comme vous voyez les Juifs le dire pour se conserver.

Nom de l'Intelligence : SETHA

Son Caractère :

PSAUME 82.

Il sert contre les assassins et les voleurs afin de les arrêter. St Jérôme dit en avoir vu plusieurs expériences. Il sert encore contre ceux qui veulent mettre des impôts sur les vivres, pour gagner aux dépenses des pauvres. C'est pourquoi dans le temps de la charité, il faut le dire dévotement tous les jours pour confondre les usuriers et avares. Il sert aussi pour vaincre dans un combat, l'écrivant sur une peau d'Ours ou de Serpent, avec l'Intelligence et le Caractère, et le portant sur soi et le gravant sur des armes ou sur l'épée ; vous verrez des merveilles.

Nom de l'Intelligence : MACAI

Son Caractère :

PSAUME 83.

Les hommes et les femmes qui le diront en se promenant sur leurs terres et héritages, il les rend heureux; principalement le Dimanche que les prières ont plus de force et de vertu. Il sert encore pour être reçu charitablement de tout le monde, et que les fruits de la terre soient conservés, et même nos biens et nos familles. Il sert encore pour dire en toute occasion et œuvre, pour vaincre ses ennemis. Il rappelle les exilés si on le dit 5 matins de suite avec son Intelligence, tenant en main le Caractère, le regardant fixement au Soleil levant.

Nom de l'Intelligence : DEGHAE

Son Caractère :

PSAUME 84.

Le jour qu'on le dira, on ne pourra être trompé ni opprimé. Il attire la bénédiction de Dieu et le bonheur sur toutes les œuvres du dit jour. Il fait la paix entre les ennemis, si on le dit le matin, le Ciel étant bien clair, la face tournée au Midi, regardant le Ciel avec son Intelligence et Caractère, et le marquant sur la terre avec un fer, puis dire : *Il te plaise….. de devenir mon ami.*

Nom de l'Intelligence : HAABIEL

Son Caractère :

PSAUME 85.

David demande à Dieu par ce Psaume de le délivrer de la persécution de Saül; pourquoi St Jérôme l'appelle la prière vénérable, parce qu'il est merveilleux pour nous délivrer de tous nos persécuteurs, si nous le disons dévotement en ce temps. Il sert contre la tristesse et la mélancolie, si on l'écrit sur des feuilles de Lierre avec son Intelligence et Caractère, et qu'on le lie sur le front en se couchant, le disant 3 fois avec son Intelligence, et vous serez guéri.

Nom de l'Intelligence : MACIEL

Son Caractère :

PSAUME 86.

Il est bon pour procurer la consolation du prochain, afin que l'Église et les ministres profitent de la grâce de Dieu. Il sert pour être aimé, si on l'écrit avec son Intelligence et Caractère au jour et heure de ♀ avec du sang de Pigeon et une plume de Pigeon, sur une bande de parchemin de Chevreau, le liant au bras droit et touchant de cette main qui vous voudrez, et même ses habits.

Nom de l'Intelligence : PODUD

Son Caractère :

PSAUME 87.

Il sert pour avoir la paix avec ses ennemis et parents, afin qu'ils soient d'accord. Il délivre de la prison, si on l'écrit sur la porte avec du charbon ou autre chose noire, avec son Intelligence et son Caractère. Puis le touchant de la main, il faut dire le matin, à midi, et le soir, 3 fois de suite.

Nom de l'Intelligence : ASSAC

Son Caractère :

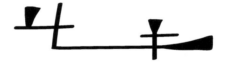

PSAUME 88.

Il rend les États et les Royaumes fermes et stables, et aussi les biens temporels, et la santé du corps et de l'âme, de sorte que celui qui le dira aura la bénédiction et la grâce éternelle. Il délivre les amis de prison, si l'on va dans un lieu clair et découvert, regardant le Ciel en disant le Psaume dévotement avec l'Intelligence, ayant le Caractère écrit devant soi, puis dire : *Sois……. délivré*.

Nom de l'Intelligence : ELZADA[23]

Son Caractère :

---

23   Même Intelligence et Caractère que Ps. 90.

PSAUME 89.

Il est bon pour acquérir de la sagesse et la science mécanique, et pour réussir dans toutes ses actions. Il obtient la bénédiction des parents et chefs de l'Église afin de prospérer. Il fait que les bénédictions qui doivent arriver à quelqu'un ne peuvent être empêchées. Il est propre pour ôter les charmes et enchantements qui empêchent l'homme d'habiter avec la femme. Il faut l'écrire avec l'Intelligence et Caractère sur un linge neuf de lin et l'envelopper en taffetas neuf; il guérira.

Nom de l'Intelligence: HACTA

Son Caractère:

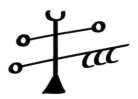

PSAUME 90.

Celui qui le dira tous les jours demeurera en la grâce de Dieu, de sorte qu'il ne pourra être offensé ni de fer, ni de foudre, ni de peste, ni d'autre chose. Le Diable n'aura aucun pouvoir de lui nuire ni de le tenter. Au contraire, il sera gardé est défendu par les Anges de Dieu. Il ne pourra être blessé d'aucune bête sauvage, ni venimeuse, ni enragée ni des mauvais Esprits, et sera garanti de toutes choses au corps et à l'âme, par la bénédiction de Dieu. Il faut le dire tous les jours et porter sur soi. Si quelqu'un est malade, dites-le sur lui, le couvrant avec le Caractère. S'il y a des Esprits dans la maison, écrivez-le derrière la maîtresse porte ; ils partiront.

Nom de l'Intelligence : RIVIELO[24]

Son Caractère :

---

24   Même Intelligence et Caractère que Ps. 88 (ELZADA) dans le MS. Cependant une autre source propose plutôt l'Intelligence et le Caractère que j'ai reproduit ici. Puisque le Manuscrit n'indique pas ce doublon, on peut déduire qu'il pourrait s'agir d'une erreur.

PSAUME 91.

Celui qui le dira dévotement tous les jours sera merveilleusement consolé en toutes ses afflictions. Il sert pour faire concevoir une femme qui ne peut avoir des enfants. Il faut l'écrire avec dévotion sur du taffetas blanc, et l'Intelligence et le Caractère au-dessous, et le tout avec du sang de Colombe, et que la femme le porte toujours pendu à son col. Et quand elle habite avec son mari, le tourner derrière son dos entre les deux épaules afin qu'il pende sur le sens[25] de l'épine du dos.

Nom de l'Intelligence : JECHER

Son Caractère :

---

25   *Sur le sans de l'épine...* dans le Ms.

PSAUME 92.

David et Moïse ont aussi fait celui-ci, qui est la figure du Royaume de Jésus-Christ. Il augmente la foi et la charité des hommes, et maintient la paix entre ceux qui sont dans une maison. Il apaise la rage et la tempête sur la mer et sur les fleuves, si on l'écrit sur un morceau de bois avec son Intelligence et Caractère. Après l'avoir récité 3 fois, le jeter dans l'eau.

Nom de l'Intelligence : JAMIN

Son Caractère :

PSAUME 93.

Il sert contre les impies qui disent que Dieu ne conduit pas le monde par sa Providence. Il aide nos ennemis, il aide les pauvres, les veuves, les orphelins. St Augustin dit qu'ils cesseront de faire du mal et qu'ils seront rudement punis, si ceux qui ont besoin le disent dévotement pour détruire les ennemis injustes. Il faut écrire l'Intelligence et le Caractère sur un morceau de pain avec un couteau neuf, après s'être purifié par prières et lavements 5 jours durant, avant de commencer l'opération un Lundi matin avant le lever du Soleil, le Ciel étant clair. Il faut mettre de l'encens et se cacher dans un lieu écarté, la face levée, les yeux en haut vers le Midi, tenant le Caractère à la main. Il faut dire 3 fois le Psaume avec l'Intelligence, et puis lever le Caractère et dire 3 fois : *Dieu de la vengeance, délivre-moi de mes ennemis, comme vous avez délivré David votre serviteur.*

Nom de l'Intelligence : CANO

Son Caractère :

PSAUME 94.

St Hiérome dit qu'il nous rend obéissants et de cœur et de corps. Il a la vertu de chasser les Démons des corps, et de tous les lieux qu'ils habitent. Il est bon pour obtenir toutes sortes de biens et faire que les enfants obéissent à leurs pères et mères, et attire la bénédiction de Dieu sur eux, comme aussi pour chasser et convertir les méchants d'une ville. Il faut aller dans le milieu d'une place la plus grande et dire 3 fois le Psaume dévotement avec son Intelligence. Et [ajouter] à la fin de chaque fois: *Peuple amende-toi*. Puis marquez le Caractère sur la terre avec une verge.

Nom de l'Intelligence: JANNE

Son Caractère:

PSAUME 95.

St Augustin dit qu'il nous fait obtenir de grandes grâces de Dieu et de ses Anges, et nous fait secourir des Grands et des riches, et on aura ce qu'on désire le jour qu'on le dit dévotement. Si quelqu'un est dans une profonde mélancolie, il faut écrire le Caractère dans la main et l'Intelligence avec du safran, et lui mettre cette main sur le cœur ou sur la tête, en disant le Psaume et l'Intelligence ; il sera réjoui.

Nom de l'Intelligence : JAGTI

Son Caractère :

PSAUME 96.

David a composé ce Psaume, figurant le jugement de Jésus-Christ. Il nous donne des leçons[26] pour bien purifier nos âmes, et fais bien vivre la femme avec le mari, le père avec les enfants, les frères et sœurs et les amis, et même il les réconcilie s'ils étaient mal ensemble. Il donne l'avantage dans tous les combats et en toutes les guerres justes, éclaire les hommes et toutes leurs actions. Il sert pour la joie comme le précédent.

Nom de l'Intelligence : SUMAR

Son Caractère :

---

[26] *Lections* dans le Ms..

PSAUME 97.

David l'a fait, comme le précédent, pour réunir la femme avec le mari. Il faut l'écrire sur une grosse Pomme avec le Caractère et l'Intelligence, nom est surnom du mari et de la femme. Puis la couper par le milieu, puis après la rejoindre et la lier avec de la soie verte le ♀^{di} au Soleil levant, disant : *N.N. compagnon soient rejoints et puissent vivre ensemble très bien unis.* Mettre la Pomme dans leur maison, dans le lieu où on la puisse mieux conserver.

Nom de l'Intelligence : JACAT

Son Caractère :

PSAUME 98.

Il a la même vertu que le Psaume 92.[27] Il sert pour avoir révélation en songe, si on écrit sur du parchemin, avec de la couleur bleue, l'Intelligence et le Caractère le faisant le ♀di et ♄di au soir avant de se coucher, et le lier sur le front, et qu'on le dise sans parler en aucune façon.

Nom de l'Intelligence : NAZEL

Son Caractère :

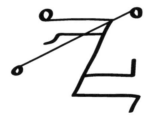

---

27   Je ne trouve aucune correspondance avec le Ps. 92.

PSAUME 99.

David l'a fait pour être chanté par le peuple avec les Anges, à l'heure du sacrifice, étant à table avec notre Seigneur. Il sert pour les bons et les méchants, et pour être bien venu partout. Les jours qu'on l'aura dit et mis derrière la porte de l'Église, où on aura prié Dieu, puis l'ayant mis, il ne faut pas s'arrêter sur la porte, et le dire avec son Intelligence.

Nom de l'Intelligence : RUTA

Son Caractère :

PSAUME 100.

St Jérôme dit que ce Psaume a la vertu de maintenir les Rois et les Princes justes dans leurs états. Il détourne les sortilèges et les maléfices, principalement si on le dit le jour qu'ils ont été faits. De plus [il] chasse les Démons, si on le dit dévotement trois jours avec l'Intelligence, mot à mot, depuis le commencement jusqu'à la fin, le Caractère en ses mains. Alors aucun Esprit ne pourra demeurer ni vous offenser.

Nom de l'Intelligence : ADMIEL

Son Caractère :

PSAUME 101.

St Jérôme assure que celui qui le dira dévotement tous les jours sera merveilleusement consolé en toutes ses afflictions. Il sert pour faire concevoir une femme. Il faut l'écrire avec dévotion sur du taffetas blanc et l'Intelligence, et écrire le Caractère au-dessous, et le tout avec du sang de Colombe, et que la femme le porte toujours pendu à son col. Et quand elle couchera avec son mari, qu'elle ne manque pas de le tourner derrière son dos entre les deux épaules, de manière qu'il pende sur le sens de l'épine du dos.

Nom de l'Intelligence : JILTIRA

Son Caractère :

PSAUME 102.

St Jérôme dit qu'il donne la grâce, console les afflictions, et qu'il aide à la subsistance des hommes afin qu'ils glorifient Dieu. Il fait aimer la femme du mari, si elle écrit sur du parchemin à la fin de chaque verset son Intelligence et son Caractère dessous et dessus, et l'envelopper en ses cheveux quand elle va dormir avec son mari sans qu'il le sache, et il l'aimera.

Nom de l'Intelligence : ABA

Son Caractère :

PSAUME 103.

Celui-ci a la même vertu que le précédent. Ste Me Magdeleine le disait tous les jours avec le précédent, par la vertu duquel elle fut consolée avec les Anges. St Jérôme et St Augustin assurent que ceux qui le diront dévotement tous les jours, les Anges daigneront parler avec eux. Il détruit la force et la puissance d'un ennemi, si on continue à le dire tous les matins et le soir 3 fois avec son Intelligence, tenant son Caractère devant soi, disant : *Je te conjure Rontel, que N. n'ait sur moi ni force, ni pouvoir de m'offenser, ni de me faire aucun mal, ni tort, ni outrage, ni dommage.*

Nom de l'Intelligence : RONTEL

Son Caractère :

PSAUME 104.

St Augustin dit qu'il est admirable; pourquoi les Anges délivrent des prisonniers qui ne cessent de le dire et prier Dieu. St Jérôme assure qu'il est éprouvé que ceux qui le disent avec dévotion deviennent semblables aux Anges de Dieu, et nous délivre de toute pauvreté. Il guérit la fièvre quarte si on l'écrit avec son Caractère et l'Intelligence sur une peau de Cerf, pour le pendre au col du malade le matin, le disant 7 fois avec son Intelligence.

Nom de l'Intelligence : COLEAH

Son Caractère :

PSAUME 105.

C'est le second, où il y a Alléluia. On le dit deux fois devant le V[28] à l'Église, le jour de la grande messe, figurant que c'est alors que les Anges et les hommes doivent chanter les louanges de Dieu. Il est bon contre la fièvre tierce, faisant comme dans le précédent pour la quarte.

Nom de l'Intelligence : GAREN

Son Caractère :

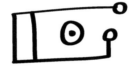

---

28   Parvis.

PSAUME 106.

Il est bon pour obtenir la rémission de nos péchés, le disant souvent avec dévotion. Et selon St Cassiodore, on sera toujours sans maladie. [Il est] bon contre les fièvres continues, si on l'écrit avec son Caractère et Intelligence sur du parchemin, le liant sur le pouls de la main gauche et le récitant trois fois le matin, et 3 fois le soir.

Nom de l'Intelligence : CADAR

Son Caractère :

PSAUME 107.

Il rappelle les serviteurs aux bonnes grâces de leurs maîtres, les enfants vers leurs pères, et les femmes vers leurs maris. Il est bon pour obtenir tout ce qu'on voudra le jour qu'on l'aura dit dévotement. Il nous fait prospérer dans toutes nos affaires, l'écrivant sur du parchemin de Chevreau avec du sang de Chevreau, au jour et à l'heure de ♃ avec son Intelligence et Caractère, le mettant derrière la maîtresse porte.

Nom de l'Intelligence : ZALCHIS

Son Caractère :

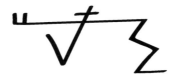

PSAUME 108.

Il fait que Dieu nous venge lui-même de nos ennemis. Si nous le disons dévotement, ils seront confondus. Si vous le dites par haine et par malice, vous souffrirez la vengeance de vos iniquités. Si on le dit dévotement, on sera consolé et on recouvra les biens qui auront été volés ; car c'est l'opinion de tous les Docteurs qui ont travaillé à l'explication des Psaumes, et cela à l'exemple de Jésus-Christ contre Judas et les Juifs. Si nous prenons un pot de terre neuf et le remplir d'eau de fontaine ou de rivière, y mettant de la moutarde, puis écrivant son Caractère sur du parchemin, le mettant dans l'eau, disant 3 jours durant 3 fois le Psaume avec son Intelligence matin et soir sur cette eau, puis le versant sur votre ennemi, prenant bien garde qu'il ne tombe aucune goutte sur vous.

Nom de l'Intelligence : JONER

Son Caractère :

PSAUME 109.

Il sert pour demander la grâce de Jésus-Christ et de ses Anges, et pour prier les Pasteurs de son Église. St Augustin et St Jérôme assurent que pour maintenir un chacun en paix avec ses ennemis, qu'il le faut écrire avec son Intelligence et son Caractère sur du papier ordinaire, le portant sur soi et le dire tous les jours à midi.

Nom de l'Intelligence : SALMON

Son Caractère :

PSAUME 110.

Il efface nos péchés et il nous fait pardonner nos peines. Il sert pour avoir beaucoup d'amis, si on le dit avec son Intelligence et Caractère sur de l'eau Rose, le matin, quand les rayons du Soleil commencent à paraître et que le Caractère soit dans l'eau, gravé sur un morceau de bois de Pommier. Puis se laver le front avec cette eau et la laisser sécher d'elle-même.

Nom de l'Intelligence : ANIEL

Son Caractère :

PSAUME 111.

Il est bon pour attirer la bénédiction sur les enfants et sur toutes leurs actions. Ils le doivent savoir par cœur de leur enfance et le dire souvent. Il est éprouvé pour donner de la force et de la vigueur, le disant 3 fois par jour avec son Intelligence, regardant vers l'Orient, portant son Caractère et son Intelligence sur du parchemin cousu en sa ceinture.

Nom de l'Intelligence : COAL

Son Caractère :

PSAUME 112.

Il est bon pour n'être point offensé des infidèles, comme Turcs et Maures ; étant par exemple en Turquie dans la principale place ou près de leurs mosquées. Il faut dire le Psaume avec son Intelligence en figurant son Caractère en son esprit, et non seulement vous ne serez point offensé, mais encore vous en recevrez du plaisir et de l'honneur.

Nom de l'Intelligence : ELILA

Son Caractère :

PSAUME 113.

Il faut le dire [dévotement]. Il délivre les prisonniers détenus injustement, dit St Augustin, qu'il fait prospérer dans toutes choses si on l'écrit avec son Intelligence et Caractère sur une lame de ♃ fin au jour et à l'heure de ♃, et qu'on le mette sur la porte et boutique. Et tous les matins, il faut dire le Psaume avec l'Intelligence, et son commerce prospérera.

Nom de l'Intelligence : REVAL

Son Caractère :

PSAUME 114.

Il est bon pour soulager les maux et douleurs de notre corps, comme il dit St Augustin. Il est encore bon pour ceux qu'on a querellés mal à propos, si on l'écrit sur un parchemin neuf, bien préparé et réglé avec de l'Argent, avec son Intelligence et Caractère, le portant proche du col, enveloppé en toile cirée, le disant dévotement tous les matins.

Nom de l'Intelligence : PILONIA

Son Caractère :

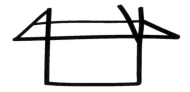

PSAUME 115.

St Jérôme dit qu'il a une vertu si admirable que celui qui le dira où le fera dire pour lui 3 fois le jour, jusqu'au temps qu'il doit mourir, il sera absout de tous ses péchés. Et selon les Hébreux, ce Psaume, avec le précédent, ne fait qu'un même Psaume. C'est pourquoi l'Intelligence et le Caractère sont les mêmes.

Nom de l'Intelligence : PIONIA

Son Caractère :

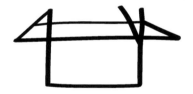

PSAUME 116.

St Augustin dit qu'il est bon pour détruire l'oisiveté des paresseux, afin qu'ils prennent plaisir à travailler. Il sert aussi à un innocent qui est persécuté, et à un prisonnier. Il faut écrire son Caractère sur un parchemin, et le soir au Soleil couchant, le tenir en main en le regardant fixement, dire le Psaume avec son Intelligence. Ensuite dire : *Seigneur Dieu de vérité ! Sauvez mon innocence ; éclairez l'esprit de celui qui me doit juger en sorte que je sois libre et absous.*

Nom de l'Intelligence : LUSTEL

Son Caractère :

PSAUME 117.

Il est bon contre les persécuteurs de l'Église, afin que les Pasteurs qui la gouvernent, étant détenus prisonniers, soient délivrés miraculeusement. Il est bon pour les vivants et pour les morts.

Il sert pour être aimé dans des pays étrangers, si on l'écrit avec l'Intelligence et Caractère sur la terre, à la porte d'une maison, village ou ville, avant d'y entrer, et dire 7 fois le Psaume avec son Intelligence.

Nom de l'Intelligence : ZARTISTA

Son Caractère :

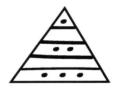

PSAUME 118.

St Jérôme écrit que la Sainte Vierge le disait tous les jours, parce que c'est l'échelle pour monter à la contemplation de Dieu. Les 22 lettres de l'alphabet[29] et degrés qui sont en ce Psaume. Il sert encore pour avoir la faveur d'un Juge. Il faut l'écrire sur du parchemin de Chevreau avec l'Intelligence et le Caractère, et quand on ira voir le Juge, il faut le regarder fixement et dire le Psaume et l'Intelligence.

Nom de l'Intelligence : CHESTI

Son Caractère :

---

[29] Alphabet hébraïque.

PSAUME 119.

Il est bon pour l'Église et les Pasteurs qu'ils soient délivrés et garantis de la médisance des impies et hérétiques. Si on le dit dévotement, il préserve des tentations du Diable, et délivre des persécutions du monde. St Jérôme dit qu'à cause de sa grande vertu, on le chante sur le premier degré du Temple devant le peuple, ce qui leur donna une grande consolation. Si on trouve des Serpents et autres bêtes venimeuses, il faut montrer le Caractère écrit, ou se le figurer dans son esprit, et dire le Psaume avec son Intelligence.

Nom de l'Intelligence : NOAS

Son Caractère :

PSAUME 120.

Il est bon pour aller la nuit en toute sûreté, l'ayant écrit sur soi avec le Caractère et l'Intelligence, et le porter toujours à la main en le disant tout le long du chemin avec l'Intelligence.

Nom de l'Intelligence : PARSI

Son Caractère :

PSAUME 121.

Il est bon pour avoir la paix avec ses frères et autres parents ; pour faire vivre en paix les Pasteurs de l'Église. Il est propre pour ceux qui veulent parler aux Princes, l'écrivant sur du parchemin de Chevreau avec l'Intelligence et le Caractère. Le tenir en sa main, le disant avec l'Intelligence, étant prêt d'entrer dans la chambre.

Nom de l'Intelligence : JORTA

Son Caractère :

PSAUME 122.

Il sert pour retrouver une chose perdue, ou un valet qui s'en serait enfui. Il faut l'écrire avec son Caractère et l'Intelligence, et dire dessus votre nom et celui de la chose perdue ou du valet ; et aussi 7 fois le Psaume. Vous les trouverez en peu de temps.

Nom de l'Intelligence : JEUICY

Son Caractère :

PSAUME 123.

Il sert pour apaiser la mer et les fleuves, l'ayant écrit avec l'Intelligence et le Caractère; le portant à la main, le disant 3 jours avec l'Intelligence et le Caractère avant de se mettre sur l'eau.

Nom de l'Intelligence : MAILAN

Son Caractère :

PSAUME 124.

Il est bon pour ceux qui voyagent dans les pays étrangers, éloignés et périlleux, si on met le Caractère écrit dans du sel, le disant toujours en entrant et sortant des lieux où on ira et d'où l'on parte. Il n'arrivera jamais rien de funeste.

Nom de l'Intelligence : MACOSIA

Son Caractère :

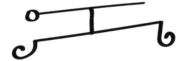

PSAUME 125.

Il est bon pour ensemencer les terres des gens de bien, le disant dévotement ; ils recueilleront abondance des biens. Il est bon pour une femme dont tous les enfants meurent. Il faut l'écrire avec l'Intelligence et le Caractère sur 4 morceaux de parchemin, et dès que l'enfant est né, il (ne) faut mettre un du côté de la tête où il couche, (ou) [et] du côté des pieds, et les deux autres des deux côtés, et que la mère le dise souvent. Ses enfants vivront.

Nom de l'Intelligence : JANUI

Son Caractère :

PSAUME 126.

Ceux qui veulent bâtir quelque édifice, le doivent écrire sur une pierre avec le Caractère et l'Intelligence, et la mettre la première au fondement et dire le Psaume et l'Intelligence tous les jours, jusqu'à ce que le bâtiment soit achevé entièrement. St Augustin dit que tous ceux qui y habiteront auront abondance des biens temporels, et vivront dans l'exercice de la piété et de la vertu. Il ajoute encore qu'il est admirable pour tous ceux qui veulent se marier, s'ils le disent tous les jours pendant qu'on fait la proposition aux parents et amis. Il préserve les enfants de tout mal, si on l'écrit en parchemin avec le Caractère et l'Intelligence, et qu'on l'enferme dans une boîte d'Argent, le mettant sur l'enfant, et que le père et la mère le disent souvent. Il n'aura jamais de mal.

Nom de l'Intelligence : JOUCHE

Son Caractère :

PSAUME 127.

St Jérôme dit qu'il a la vertu de procurer de grandes bénédictions spirituelles et temporelles sur toute une famille, si le père de cette famille l'écrit sur du parchemin, le ♀di avec son Intelligence et son Caractère, et le pend au plus haut de la maison.

Nom de l'Intelligence : AZLAEL

Son Caractère :

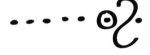

PSAUME 128.

Il nous fait connaître qui sont les serviteurs de Dieu, et que nous (ne) pouvons perdre par sa vertu l'habitude du péché. Si nous craignons qu'il ne lui nuise, il le faut dire 3 jours avec Intelligence et marquer le Caractère sur le front, et nous passerons sans que nos ennemis nous voient.

Nom de l'Intelligence : SIMOR

Son Caractère :

PSAUME 129.

St Augustin appelle cette Oraison vraiment plénière.[30] Elle est utile pour les morts sur tous les Psaumes et Graduels.[31] Il est bon contre la tempête et tentations. Et enfin, il dit que cette prière a toujours été exaucée de Dieu, qui que [ce] soit qui le dise dévotement. Il sert pour avoir révélation en songe, si on l'écrit avec son Intelligence sur 3 feuilles de Cèdre, et qu'on le mette sous la tête ou sous le chevet du lit. En y entrant [dans la chambre], qu'on le dise 3 fois : *Je te prie Hassard, que cette nuit tu me montres clairement la réponse de la chose que je désire savoir.*

Nom de l'Intelligence : HASSARD

Son Caractère :

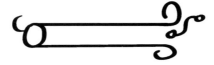

---

30   Mot incertain.
31   Les Psaumes *graduels* ou *des montées*, étaient chantés par les israélites en montant les degrés du Temple, à Jérusalem (Ps. 119 à 133).

PSAUME 130.

On le chante au 12ᵉ degré pour demander à Dieu l'humilité qui doit être la couronne et la pierre précieuse des ecclésiastiques, avec la charité. Il est bon pour humilier les enfants, parents, et amis superbes, et pour faire vivre chastement, si vous les dites avec dévotion et à cette intention. Nous sentons-nous portés à la colère et que nous voulions nous corriger, il faut écrire le Psaume avec l'Intelligence et le Caractère, et l'écrire en papier ordinaire et le porter sur soi, le disant tous les jours 3 fois, tant que cette passion soit entièrement éteinte en vous.

Nom de l'Intelligence : SITHY

Son Caractère :

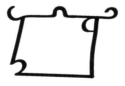

PSAUME 131.

On le chante au 13e degré par lequel Dieu, ayant vu l'humilité de David, lui promet qu'il naîtra un fils de sa femme. Et Dieu assure par ce Psaume qu'il sera le défenseur de son Église et de ses Pasteur, leur donnant toutes choses nécessaires. Il donne les biens, le garde et le conserve à ceux qui le disent dévotement. St Augustin dit que sa grande vertu est de faire régner et commander l'Église ; qu'il a plus de puissance que les autres graduels pour l'Église. Il est encore bon pour garder et faire garder un serment inviolable, s'en servant comme le précédent.

Nom de l'Intelligence : CHIUSA

Son Caractère :

PSAUME 132.

On le chante au 14ᵉ degré. St Jérôme dit qu'il obtient les biens temporels, qu'il conserve l'amitié des hommes, qui sont deux choses que Dieu figure par l'onguent et par la rosée, que Dieu expose en ce Psaume ; lequel signifie la grâce et l'abondance des biens temporels que Dieu donne. Ce qui fait que St Jérôme prie tout le monde de le dire toujours immédiatement avec le suivant ; et dit que tous ceux qui le diront, non seulement vivront toujours en grâce et amitié des hommes, mais encore auront assez de bien[s] et de joie ; ne pouvant être punis de mort honteuse ni violente. Et on dit que dans la primitive Église, le Pape Silvester avait ordonné que les chrétiens le disent tous les jours pour la prospérité de toutes les choses. Il est bon pour avoir la paix et la conserver, si on le porte en secret sur soi, écrit en parchemin avec son Intelligence et son Caractère, et le dire tous les matins.

Nom de l'Intelligence : ABRACH

Son Caractère :

PSAUME 133.

On le chante au 15ᵉ degré, qui est le dernier, et il doit être joint avec le précédent, comme il est dit, à cause des mêmes vertus et des mêmes grâces qui seront confirmées par celui-ci avec la bénédiction de Dieu. Il sert aussi pour l'étude, si on l'écrit avec le Caractère sur du parchemin et qu'on le mette sur un livre qu'on étudie. Et on retiendra ce qu'on voudra.

Nom de l'Intelligence : LIMEDAR

Son Caractère :

PSAUME 134.

Si nous voulions que nos prières soient exaucées, il faut le dire avec ardente dévotion avec l'Intelligence, et former le Caractère avec les deux doigts de la main gauche.

Nom de l'Intelligence : ECHINIA

Son Caractère :

PSAUME 135.

Il sert pour louer les œuvres du Seigneur, et pour être rempli de la grâce de Dieu. Il est bon pour faire de longs voyages par mer et par terre, l'écrivant en papier bleu avec l'Intelligence et le Caractère, et le porter sur soi, et le dire soir et matin ; et on ne souffre aucune peine.

Nom de l'Intelligence : BILA

Son Caractère :

PSAUME 136.

Si vous voulez détruire la haine de quelqu'un contre vous, afin qu'il ne vous nuise plus, il faut écrire le Caractère et l'Intelligence et le mettre dans de l'huile d'olive, et dire 3 fois le Psaume avec l'Intelligence dessus. Puis, vous frotter tous les jours de cette huile, et parler devant celui qui vous hait, et faire en sorte qu'il vous regarde fixement. Aussitôt la haine sera passée.

Nom de l'Intelligence : LAMET

Son Caractère :

PSAUME 137.

David conclut dans les deux derniers versets de ce Psaume que les pêcheurs viendront à pénitence. St Augustin dit qu'il est bon pour l'amour, si on prend de l'huile de lin blanc, qu'on mette le Caractère dedans, gravé sur un morceau de bois de Cyprès, et dire dessus le Psaume avec l'Intelligence au nom de la personne que vous désirez. Puis frottez vos sourcils de cette huile et liez le Caractère au bras droit après l'avoir essuyé, et regardez [la personne] en face, et touchez[-la] avec la main où le Caractère et attaché. Vous réussirez encore mieux si vous faites cela au Soleil levant, le premier ♀di de la Lune. Il a le même Caractère que le précédent.

Nom de l'Intelligence : ANEL

Son Caractère[32] :

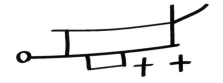

---

32   Même Caractère que Ps. 138.

PSAUME 138.

Il délivre les prisonniers qui le diront 7 fois avec grande dévotion. Il sert pour avoir les bonnes grâces du Prince, si on l'écrit avec du sang de Chevreau, au jour et heure du soleil, avec son Intelligence et Caractère sur du parchemin, et le portant sur soi. Il faut nommer l'Intelligence, ayant le matin du même jour, dit le Psaume avec son Intelligence 3 fois.

Nom de l'Intelligence : GRINEL

Son Caractère[33] :

---

33   Même Caractère que le précédent malgé une Intelligence différente.

PSAUME 139.

Il est bon pour les armes, si on l'écrit sur une peau de Chevreau avec Intelligence et le Caractère, le liant au bras droit. On sera victorieux au combat.

Nom de l'Intelligence : MARNIA

Son Caractère :

PSAUME 140.

Il élève les hommes aux dignités du monde, pourvu qu'ils soient véritables, car la vérité fait régner les gens de bien sur la terre lorsqu'ils sont doux et humbles et patients, comme dit St Jérôme. Si on tombe en profonde mélancolie, il faut l'écrire avec l'Intelligence et le Caractère sur du parchemin, et le porter sur le cœur le disant tous les jours.

Nom de l'Intelligence : ALEREL

Son Caractère :

PSAUME 141.

Il produira les mêmes effets si nous le disons avec dévotion dans nos adversités. St Augustin assure qu'il sert contre les Esprits de l'eau et de la terre, et contre les afflictions des hommes et des femmes. Enfin, il conclut qu'il l'a composé par le commandement de Dieu pour nous instruire et assurer que celui qui le dit dévotement est très exaucé en ses demandes. Si quelqu'un est prisonnier, il le doit dire 3 fois le jour, à genoux avec l'Intelligence, et former le Caractère avec les 3 premiers doigts des deux mains, répétant 3 fois le premier verset, et il sera délivré.

Nom de l'Intelligence : COSFIRA

Son Caractère :

PSAUME 142.

Il procure le salut du corps et de l'âme sur tous les autres Psaumes. Il est pénitentiel et il a de très grandes vertus. Il est bon pour les voyageurs par mer et par terre, et pour ceux qui cherchent des charges et des dignités. S'ils sont gens de bien, le St Esprit leur enseignera la voie qu'ils doivent tenir et les gardera le jour qu'il sera dit. St Jérôme assure l'avoir expérimenté avec plusieurs autres. Il est bon pour ceux qui veulent se retirer du monde ou se marier, et pour réussir en toutes choses; parce que le St Esprit les conduira par la vertu de ce Psaume. Il est encore [bon] contre les prisonniers en faisant comme dans le précédent.

Nom de l'Intelligence : RUSNAM

Son Caractère :

PSAUME 143.

Ceux qui voudront combattre justement seront victorieux le jour qu'ils l'auront dit dévotement. St Augustin assure que celui qui le dira le jour du combat, le portant sur la poitrine écrit sur une lame de ♄ avec le Caractère et l'Intelligence, aura toujours le dessus sur ses ennemis, et fera toujours merveilles.

Nom de l'Intelligence : AGPAR

Son Caractère :

PSAUME 144.

Il met le corps et l'esprit en repos et procure la paix et la charité des hommes. Il maintient la paix et l'amour entre gens mariés, et fait qu'ils rendent grâces à Dieu de tous les bienfaits. Si quelqu'un est occupé de quelque peur ou terreur panique, de quelques ombre ou spectre, il faut écrire le Caractère et l'Intelligence et le mettre en quelque lieu sur lui, sans qu'il ne sache rien, et dire tout bas à son oreille le Psaume et son Intelligence, le soir et matin, pendant 3 jours.

Nom de l'Intelligence : PACTEL

Son Caractère :

PSAUME 145.

Il peut faire espérer les mêmes grâces que David a reçues avec plusieurs autres qui ont été connus sur la terre est au Ciel. Si quelqu'un est blessé, il faut écrire le Caractère et l'Intelligence sur du parchemin, et le fendre sur la plaie par le milieu, et dire tous les jours sur la plaie le Psaume avec l'Intelligence, et il sera bientôt guéri.

Nom de l'Intelligence : MACAS

Son Caractère :

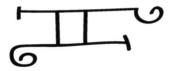

PSAUME 146.

Il est bon pour guérir les malades qui louent Dieu et qui espèrent leur santé de lui. Si quelqu'un se trouve dans une extrême nécessité, il doit l'écrire avec son Intelligence et Caractère sur du papier de coton, et le porter sur soi, et le dire tous les jours le matin, et il sera tôt secouru de Dieu et des hommes.

Nom de l'Intelligence : JARCHI

Son Caractère :

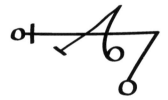

PSAUME 147.

St Jérôme dit qu'il a la vertu de faire prospérer nos biens temporels et spirituels. Et selon les Hébreux, il doit être commun avec le précédent. C'est pourquoi il a la même Intelligence et Caractère.

Nom de l'Intelligence : JARCHI

Son Caractère :

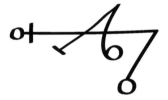

PSAUME 148.

Ceux qui aimeront ce Psaume et le diront avec dévotion seront sauvés; et ceux qui le mépriseront seront damnés. C'est pourquoi St Jérôme dit que celui qui voudra être sauvé doit toujours chanter les louanges de Dieu par ce Psaume. Il éteint le feu d'une maison, si on l'écrit avec son Intelligence et Caractère sur un morceau de pierre et le jeter dans le feu disant le Psaume.

Nom de l'Intelligence : MAIMAL

Son Caractère :

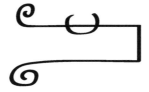

PSAUME 149.

St Jérôme dit qu'il chasse les Démons du corps et de tous les autres lieux, et surtout de l'Église de Dieu, et d'une femme pécheresse. Il nous fait élever aux honneurs, si nous nous en rendons dignes par nos prières et bonnes œuvres, l'écrivant sur du parchemin au jour et heure du Soleil, avec le Caractère et son Intelligence. Le porter sur soi et le dire tous les matins.

Nom de l'Intelligence : JACARED

Son Caractère :

PSAUME 150.

Il est bon pour obtenir la bénédiction de Dieu avec toutes les choses temporelles et spirituelles. Si quelqu'un tombe dans une profonde tristesse, il le faut écrire sur du parchemin avec le Caractère et l'Intelligence et le porter sur soi, et le dire tous les matins.

Nom de l'Intelligence : SINA

Son Caractère :

Fin de la Cabale divine des 150 Psaumes de David qu'il a composés et nous a laissés comme une instruction pastorale, pour le salut de nos âmes et de nos corps, pour adorer Dieu et pour l'assistance que nous devons tirer des biens temporels dans le monde, selon les exemples qu'il nous a donnés, ainsi que tous les gens de bien qui ont suivi avec tous les fidèles de l'Église de Dieu, qui les lui a inspirés par son Esprit, afin que nous puissions profiter de leur vertu pour la gloire du Père, du Fils, et du St Esprit, et pour le salut de notre âme, et le bien de notre prochain. Amen.

LES 72 NOMS DE DIEU
avec des versets des Psaumes qui y répondent.[34]

1. Vehuiah

Psaume 3. vers. 4

Tu autem Domine, susceptor meus es, gloria mea, et exaltans caput meum.

2. Jeliel

Psaume 21. vers. 21

Erue a framea, Deus, animam meam, et de manu canis unicam meam.

---

34   Compte tenu des variations d'orthographe dans les noms des Génies et afin de ne pas alourdir le texte par de nombreuses annotations, le lecteur consultera le *Tableau des Noms des Génies*, comme complément, à la fin de ce livre.

3. Sitael

Psaume 90. vers. 2

Dicet Domino: Susceptor meus es tu, et refugium meum; Deus meus, sperabo in eum.

4. Elemiah

Psaume 6. vers. 5

Convertere, Domine, et eripe animam meam; salvum me fac propter misericordiam tuam.

5. Mahasiah

Psaume 33. vers. 5

Exquisivi Dominum, et exaudivit me; et ex omnibus tribulationibus meis eripuit me.

6. Jelalel

Psaume 9. vers. 2

Confitebor tibi, Domine, in toto corde meo; narrabo omnia mirabilia tua.

7. Achaiah

Psaume 102. vers. 8

Miserator et misericors Dominus: longanimis, et multum misericors.

8. Cahetel

Psaume 94. vers. 6

Venite, adoremus, et procidamus, et ploremus ante Dominum qui fecit nos.

9. Haziel

Psaume 24. vers. 6

Reminiscere miserationum tuarum, Domine, et misericordiarum tuarum quae a saeculo sunt.

10. Aladiah

Psaume 32. vers. 22

Fiat misericordia tua, Domine, super nos, quemadmodum speravimus in te.

11. Laviah

Psaume 17. vers. 47

Vivit Dominus, et benedictus Deus meus, et exaltetur Deus salutis meae.

12. Haaiah

Psaume 9. vers. 22

Ut quid, Domine, recessisti longe; despicis in opportunitatibus, in tribulatione.

13. JEZALIEL

Psaume 97. vers. 4

Jubilate Deo, omnis terra; cantate, et exsultate, et psallite.

14. MEBAHEL

Psaume 9. vers. 10

Et factus estDominusrefugium pauperi; adjutor in opportunitatibus, in tribulatione.

15. HARIEL

Psaume 93. vers. 22

Et factus est mihi Dominus in refugium, et Deus meus in adjutorium spei meae.

16. HAKMIAH

Psaume 87. vers. 2

Domine, Deus salutis meae, in die clamavi et nocte coram te.

17. LOVIAH

Psaume 8. vers. 2

Domine, Dominus noster, quam admirabile est nomen tuum in universa terra.

18. Caliel

Psaume 34. vers. 24

Judica me secundum justitiam tuam, Domine Deus meus, et non supergaudeant mihi.

19. Leuviah

Psaume 39. vers. 2 [35]

Exspectans exspectavi Dominum, et intendit mihi.

20. Paaliah

Psaume 114. vers. [3]-4

Tribulationem et dolorem inveni, et nomen Domini invocavi.

21. Nechael

Psaume 31. vers. 15-16 [36]

Ego autem in te speravi, Domine; dixi: Deus meus es tu; in manibus tuis sortes meae.

22. Iaiaiel

Psaume 120. vers. 5 [37]

Dominus custodit te; Dominus protectio tua super manum dexteram tuam.

---

35   Le Ms. indique en erreur le Ps. 34:1.
36   Psaume et versets manquants dans le Ms.
37   Ibid.

23. Melahel

Psaume 120. vers. 8 [38]

Dominus custodiat introitum tuum et exitum tuum, ex hoc nunc et usque in saeculum.

24. Haiuiah

Psaume 146. vers. 11 [39]

Beneplacitum est Domino super timentes eum, et in eis qui sperant super misericordia ejus.

25. Nithaiah

Psaume 9. vers. 9 [40]

Confitebor tibi, Domine, in toto corde meo; narrabo omnia mirabilia tua.

26. Haaiah

Psaume 18. vers. 14

Et ab alienis parce servo tuo. Si mei non fuerint dominati, tunc immaculatus ero, et emundabor a delicto maximo.

---

38   Psaume et versets manquants dans le Ms.
39   Ibid.
40   Ibid.

27. Jerathel

Psaume 139. vers. 1 [41]

Eripe me, Domine, ab homine malo; a viro iniquo eripe me.

28. Sæchiah

Psaume 70. vers. 12 [42]

Deus, ne elongeris a me; Deus meus, in auxilium meum respice.

29. Raiaiel

Psaume 53. vers. 6

Ecce enim Deus adjuvat me, et Dominus susceptor est animae meae.

30. Omach

Psaume 70. vers. 5

Quoniam tu es patientia mea, Domine; Domine, spes mea a juventute mea.

31. Lecabel

Psaume 70. vers. 16

Introibo in potentias Domini; Domine, memorabor justitiae tuae solius.

---

41 Psaume et versets manquants dans le Ms.
42 Ibid.

32. Vasariah

Psaume 32. vers. 4

Quia rectum est verbum Domini, et omnia opera ejus in fide.

33. Jehuiah

Psaume 93. vers. 11 [43]

Dominus scit cogitationes hominum, quoniam vanae sunt.

34. Lehabia

Psaume 131. vers. 3 [44]

Si introiero in tabernaculum domus meae; si ascendero in lectum strati mei.

35. Chavakiah

Psaume 114. vers. 6 [45]

Custodiens parvulos Dominus; humiliatus sum, et liberavit me.

---

[43] Verset manquant dans le Ms.
[44] Le Ms. indique Ps. 13.
[45] Verset 1 dans le Ms.

36. Manadel

Psaume 25. vers. 8

Domine, dilexi decorem domus tuae, et locum habitationis gloriae tuae.

37. Arriel

Psaume 79. vers. 8[46]

Deus virtutum, converte nos, et ostende faciem tuam, et salvi erimus.

38. Haamiah

Psaume 90. vers. 9

Quoniam tu es, Domine, spes mea; Altissimum posuisti refugium tuum.

39. Rehael

Psaume 29. vers. 6[47]

Quoniam ira in indignatione ejus, et vita in voluntate ejus.

40. Jeiazeb

Psaume 87. vers. 15

Ut quid, Domine, repellis orationem meam; avertis faciem tuam a me?

---

46   Ps. 76 dans le Ms.
47   Le Ms. indique le verset 1.

41. Hahahel

Psaume 119. vers. 2

Domine, libera animam meam a labiis iniquis et a lingua dolosa.

42. Veualiah [48]

Psaume 87. vers. 14

Et ego ad te, Domine, clamavi, et mane oratio mea praeveniet te.

43. Michael

Psaume 110. vers. 7

Ut det illis haereditatem gentium. Opera manuum ejus veritas et judicium.

44. Jelehiah

Psaume 118. vers. 108

Voluntaria oris mei beneplacita fac, Domine, et judicia tua doce me.

45. Scaliah

Psaume 93. vers. 18

Si dicebam : Motus est pes meus : misericordia tua, Domine, adjuvabat me.

---

48   Les Génies 42 et 43 sont inversés. *Michael* devrait être le 42ᵉ et *Veualiah* le 43ᵉ.

46. Ariel

Psaume 144. vers. 9

Suavis Dominus universis, et miserationes ejus super omnia opera ejus.

47. Asaliah

Psaume 91. vers. 6

Quam magnificata sunt opera tua, Domine! nimis profundae factae sunt cogitationes tuae.

48. Mihael

Psaume 97. vers. 2

Notum fecit Dominus salutare suum; in conspectu gentium revelavit justitiam suam.

49. Vehuel

Psaume 144. vers. 1

Exaltabo te, Deus meus rex, et benedicam nomini tuo in saeculum, et in saeculum saeculi.

50. Domel

Psaume 44. vers. 8 [49]

Dilexisti justitiam, et odisti iniquitatem; propterea unxit te Deus, Deus tuus, oleo laetitiae, prae consortibus tuis.

---

49   Verset 18 dans le Ms.

51. Hahasiah

Psaume 103. vers. 31

Sit gloria Domini in saeculum; laetabitur Dominus in operibus suis.

52. Imamiais

Psaume 7. vers. 18

Confitebor Domino secundum justitiam ejus, et psallam nomini Domini altissimi.

53. Nanael

Psaume 118. vers. 75

Cognovi, Domine, quia aequitas judicia tua, et in veritate tua humiliasti me.

54. Nithael

Psaume 102. vers. 19

Dominus in caelo paravit sedem suam, et regnum ipsius omnibus dominabitur.

55. Mehahiah

Psaume 101. vers. 13

Tu autem, Domine, in aeternum permanes, et memoriale tuum in generationem et generationem.

56. Poiel

Psaume 113. vers. 19[50]

Qui timent Dominum speraverunt in Domino; adjutor eorum et protector eorum est.

57. Nemaniah

Psaume 44. vers. 14

Allevat Dominus omnes qui corruunt, et erigit omnes elisos.

58. Jerabel

Psaume 6. vers. 4

Et anima mea turbata est valde; sed tu, Domine, usquequo ?

59. Harahel

Psaume 112. vers. 3

A solis ortu usque ad occasum laudabile nomen Domini.

60. Misrael

Psaume 144. vers. 17

Justus Dominus in omnibus viis suis, et sanctus in omnibus operibus suis.

---

50   Verset 11 dans le Ms.

61. Umabel

Psaume 112. vers. 2

Sit nomen Domini benedictum ex hoc nunc et usque in saeculum.

62. Jahhael

Psaume 118. vers. 159[51]

Vide quoniam mandata tua dilexi, Domine: in misericordia tua vivifica me.

63. Anauel

Psaume 99. vers. 2

Jubilate Deo, omnis terra; servite Domino in laetitia. Introite in conspectu ejus in exsultatione.

64. Mehiel

Psaume 32. vers. 18

Ecce oculi Domini super metuentes eum, et in eis qui sperant super misericordia ejus.

65. Damabiah

Psaume 89. vers. 13

Convertere, Domine; usquequo? et deprecabilis esto super servos tuos.

---

51   Verset 59 dans le Ms.

66. Mavakel

Psaume 37. vers. 22 [52]

Ne derelinquas me, Domine Deus meus; ne discesseris a me.

67. Eiael

Psaume 36. vers. 4

Delectare in Domino, et dabit tibi petitiones cordis tui.

68. Habuiah

Psaume 106. vers. 1

Confitemini Domino, quoniam bonus, quoniam in saeculum misericordia ejus.

69. Rochel

Psaume 15. vers. 5

Dominus pars haereditatis meae, et calicis mei: tu es qui restitues haereditatem meam mihi.

70. Labamiah

Genèse 1. vers. 6

Dixit quoque Deus: Fiat firmamentum in medio aquarum: et dividat aquas ab aquis.

---

52   Verset 32 dans le Ms.

71. Haiaiel

Psaume 108. vers. 30

Confitebor Domino nimis in ore meo, et in medio multorum laudabo eum.

72. Mumiah

Psaume 114. vers. 7

Convertere, anima mea, in requiem tuam, quia Dominus benefecit tibi.

TABLEAU DES NOMS DES GÉNIES

Puisque qu'il existe, selon les sources, certaines variations dans la façon d'écrire les noms des Génies, j'ai jugé utile de monter ce petit tableau comparatif afin d'aider le lecteur à déterminer l'orthographe la plus appropriée pour l'utilisation des Génies contenus dans ce petit livre.

Ici sont comparées les formes écrites de trois sources :

— celle du présent Manuscrit ;

— celle que l'on retrouve dans l'œuvre de Lenain (1823) ;

— puis le Manuscrit du Dr Thomas Rudd (17e siècle — Harley Ms. 6483).

	Ms. Fr.14788	Lenain	Rudd
1.	Vehuiah	Vehuiah	Vehuiah
2.	Jeliel	Jéliel	Yeliel
3.	Sitael	Sitaël	Sitael
4.	Elemiah	Elémiah	Elemiah
5.	Mahasiah	Mahasiah	Mahasiah
6.	Jelalel	Lelahel	Lelahel
7.	Achaiah	Achaiah	Achaiah
8.	Cahetel	Cahetel	Kahetel
9.	Haziel	Aziel	Aziel
10.	Aladiah	Aladiah	Aladiah
11.	Laviah	Lauviah	Lauviah
12.	Haaiah	Hahaiah	Hahaiah
13.	Jezaliel	Iezalel	Yezalel
14.	Mebahel	Mebahel	Mebahel
15.	Hariel	Hariel	Hariel
16.	Hakmiah	Hakamiah	Hakamiah
17.	Loviah	Lauviah	Lauviah

	Ms. Fr.14788	Lenain	Rudd
18.	Caliel	Caliel	Kaliel
19.	Leuviah	Leuviah	Leuviah
20.	Paaliah	Pahaliah	Pahaliah
21.	Nechael	Nelébaël	Nelekael
22.	Iaiaiel	Ieiaiel	Yeiael
23.	Melahel	Melahèl	Melahel
24.	Haiuiah	Hahuiah	Chahuiah
25.	Nithaiah	Nith-Haiah	Nithahaiah
26.	Haaiah	Haaiah	Haaiah
27.	Jerathel	Jerathel	Yerathel
28.	Sæchiah	Séeiah	Sheahiah
29.	Raiaiel	Réiiel	Reiyel
30.	Omach	Ornaël	Omael
31.	Lecabel	Lecabel	Lekabel
32.	Vasariah	Vasariah	Vashariah
33.	Jehuiah	Iehuiah	Yechuiah
34.	Lehabia	Lehahiah	Lehachiah

	Ms. Fr.14788	Lenain	Rudd
35.	Chavakiah	Chevakiah	Kevaqiah
36.	Manadel	Manadel	Menadel
37.	Arriel	Aniel	Aniel
38.	Haamiah	Haamiah	Chaamiah
39.	Rehael	Rehael	Rehael
40.	Jeiazeb	Ieiazel	Yeiazel
41.	Hahahel	Hahahel	Hahahel
42.	Veualiah	Mikael	Mikael
43.	Michael	Veuahiah	Vevaliah
44.	Jelehiah	Ielahiah	Yelahiah
45.	Scaliah	Sealiah	Saliah
46.	Ariel	Ariel	Ariel
47.	Asaliah	Asaliah	Aushaliah
48.	Mihael	Michael	Mihael
49.	Vehuel	Vehuel	Vehuel
50.	Domel	Daniel	Daniel
51.	Hahasiah	Hahasiah	Hachashiah

	Ms. Fr.14788	Lenain	Rudd
52.	Imamiais	Imamiah	Aumamiah
53.	Nanael	Nanael	Nanael
54.	Nithael	Nithael	Nithael
55.	Mehahiah	Mebaiah	Mebahiah
56.	Poiel	Poiel	Poiel
57.	Nemaniah	Nemmamiah	Nemmamiah
58.	Jerabel	Ieialel	Yeialel
59.	Harahel	Harahel	Harachel
60.	Misrael	Mizrael	Mitzrael
61.	Umabel	Umabel	Umabel
62.	Jahhael	Iah-hel	Yahehel
63.	Anauel	Anianuel	Anuel
64.	Mehiel	Méhiel	Mechiel
65.	Damabiah	Damabiah	Damabiah
66.	Mavakel	Manakel	Manaqel
67.	Eiael	Elaiel	Eiael
68.	Habuiah	Xabuiah	Chabuiah

	Ms. Fr.14788	Lenain	Rudd
69.	Rochel	Rochel	Rahel
70.	Labamiah	Jabamiah	Yabamiah
71.	Haiaiel	Haiel	Hayiel
72.	Mumiah	Mumiah	Mumiah

APPENDICE.
Pages extraites du Ms. Fr. 14788.

Elohim
Agla
Adonay
Jehova
Schemhammaphoras

Psaume premier

Par les Psaumes on peut acquerir la vraie Theolo-
gie, L'art de prêcher, et de donner bon conseil et
prieres pour la conversion des heretiques selon S. Isidore
qui le dira 12 jours de suite, et puis après une
bonne confession, des bonnes Œuvres, jeunes, et aumônes, verra un Ange de Dieu, qui lui enseignera, comme il doit gouverner ses affaires pour la gloire de
Dieu, et son Salut, il sert aussi a éviter les mauvaises
compagnies et trouver les bonnes, il est bon pour la
santé, pour estre garanti de la main de ses ennemis
il faut L'ecrire sur du parchemin, iusque au verset
ou il y a' quiconque – Le ieudi a l'heure de Iu-
piter, puis votre nom, et dessous celui de l'intelligence et son caractere, et ecrive le reste du
Psaume sur du papier de coton bleau turquin, et
au dessous le nom de votre ennemi ou contraire,
e puis ecrivant – Moi qui suis ton fils de ✠

Beaume 57.

Il est bon contre les Enchanteurs, Sorciers et Magiciens, qui seront en peu de temps chatiez severament, il est bon contre Les betes farouches; si on Le dit avec Le nom de L'Inteligence, en faisant Le Caractere avec Le trois doits de la main gauche, et Leur montrer —

Nom de L'Inteligence. Naba
Son Caractere.

Pseaume = 82 -

Il sert contre les assassins, et les vole=
urs a fin de les arrester. S. Jerome dit
en avoir vû plusieurs experiences; il
sert encore contre ceux qui veulent mettre
des imposts sur les vivres, pour gagner aux
depenses des pauvres; c'est pourquoi dans
le temps de la cherté il faut le dire devo-
tement tous les jours pour confondre
les usuriers et avares; il sert aussi pour
vaincre dans un Combat l'escrivant
sur une peau d'Ours, ou de Serpent
avec l'Intelligence et le Caractere,
et le portant sur soi, et le gravant sur
des Armes, ou sur l'epée vous verrez des
merveilles.

Nom de l'Intelligence. Macai
Son Caractere.

Les 72 Noms de Dieu
avec des Versets des Pseaumes
qui y repondent.

1. Vehuiah

Pseaume 3. Verset 4
Tu Domine Susceptor meus es, gloria
mea, et exaltans caput meum.

---

2. Jeliel

Pseaume 21. Verset 121.
Erue a framea Deus animam
meam, et de manu unicam meam.

---

3 Sitael

Pseaume 90- Verset 2.
Dicit Dominus, Susceptor meus es tu
et refugium meum; Deus meus sperabo
in eum.

TABLE.

Introduction 9

Clef des clavicules de Salomon, des 150 Psaumes de David, avec les caractères de tous les génies ou esprits qui président dans les opérations miraculeuses. 19

Les 72 Noms de Dieu avec des versets des Psaumes qui y répondent 171

Tableau des Noms des Génies 187

Printed in Poland
by Amazon Fulfillment
Poland Sp. z o.o., Wrocław
29 December 2023

a0877a7f-dab0-4bdc-91b8-235ebc93e2d8R02